COOKPAD

クックパッドのおいしい
厳選！ お肉レシピ

新星出版社

はじめに

本書はクックパッドのサイトにある170万品以上のレシピの中から、プレミアム会員だけしか知ることができない人気のレシピに加え、おいしさの指標である「つくれぽ(実際にレシピを作ったユーザーからの写真付きレビュー)」数の多い、ランキング上位のレシピの中から、お肉をおいしく食べることができるレシピを新星出版社 編集部が厳選して掲載しています。

幅広い層の方が暮らしの中でより便利に使えるように、お肉のおかずのレシピを「鶏」「豚」「牛」「その他のお肉」というカテゴリーに分け、さらに「ごはん・めん」「汁もの」というカテゴリーを加えました。

また、「豚のしょうが焼き」のような日常的な人気メニューから「ステーキ」のような特別な日に食べたいお肉料理まで、合計70品目に及ぶバラエティ豊かなレシピを掲載しています。その日のシチュエーションや気分、家族のリクエストにも応えられる便利な一冊を目指しました。

本書を活用することで、「おいしい!」「また食べたい!」といったハッピーな声が聞こえる毎日を送っていただければ幸いです。

※レシピ数は2014年7月時点

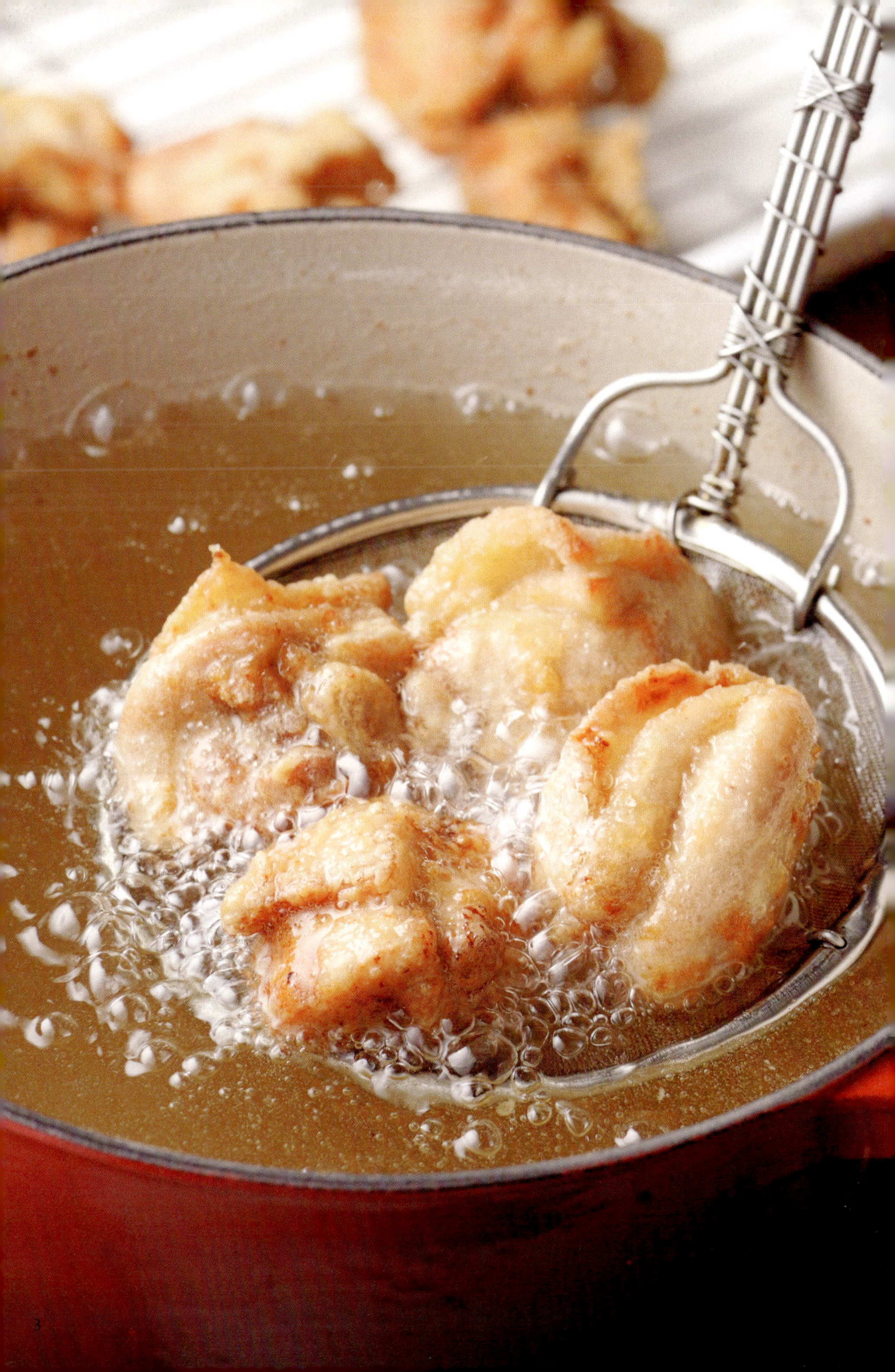

COOKPAD

クックパッドとは？

クックパッドとは毎日の料理が楽しくなる、日本最大の料理レシピ投稿・検索サイトです。20〜30代の女性を中心に、月間のべ4400万人以上の人に利用されています。そして、投稿されたレシピを作った人は、レシピ作者へ「おいしかったよ」「アレンジしました」などのコメントを「つくれぽ（作りましたフォトレポートの略）」で伝えることができます。こうしたユーザーの方同士のコミュニケーションを通じて、おいしくて作りやすい家庭料理のレシピが多く集まり、料理の楽しみが広がっていくのが特長です。

また、プレミアムサービスを使えば、数多くのレシピの中から、大人気のレシピをすぐに見つけることができ、献立作りがより便利になります（詳しくは130ページを参照）。

誌面について

▶ 掲載されている写真はレシピ作者のレシピを見て再現し、撮影したものです。

▶「材料」とその分量は、サイト上で紹介されているものと同じです。

▶「作り方」は、サイト上で紹介されている行程を、レシピ本の表記ルールに則り、新星出版社 編集部にて再編集していますので、多少表現が異なりますが、実際の作り方は、サイト上に掲載されているものと相違ありません。下線部や「コツ」の写真は、レシピ作者による「コツ・ポイント」を編集部がピックアップしたものです。

▶ レシピ頁掲載の「つくれぽ」では、クックパッドのユーザーが実際に投稿した「つくれぽ」からコメントを紹介しています。

▶「スタッフメモ」では、新星出版社 編集部のスタッフにて実際に調理し、実食した際の感想などを表記しています。

▶ カロリー計算は、新星出版社 編集部の基準で計算したもので、クックパッドサイト上での計算とは異なります。

目次

はじめに …… 2

クックパッドとは？ …… 4

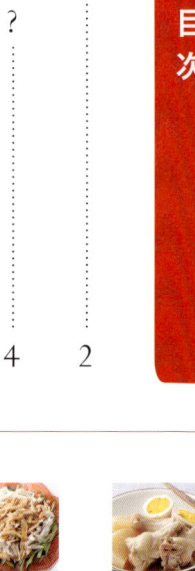

誌面について …… 5

鶏肉のおかず …… 14

鶏の唐揚げ
[めっちゃジューシー♪鶏の唐揚げ] …… 14

チキンステーキ
[★めちゃうま♡チキンステーキ★] …… 16

手羽元と大根、卵の煮もの
[簡単✲鶏手羽元と大根＆卵の煮物] …… 18

バンバンジー
[棒々鶏（バンバンジー）] …… 20

鶏むね肉焼き
[むね肉のくせに…ウマウマ!!] …… 21

チキン南蛮
[大人気☆揚げないチキン南蛮] …… 22

鶏肉の甘酢煮
[鶏むねの甘酢煮] …… 24

タンドリーチキン
[簡単やわらかしっとり♥タンドリーチキン] …… 26

手羽中のスペアリブ
[めちゃ旨！甘辛名古屋味チキンスペアリブ] …… 28

ローストチキン
[＊クリスマスに＊ローストチキンレッグ] …… 30

手羽元の甘辛さっぱり煮
[🐔鶏手羽元の甘辛さっぱり煮🐔人気レシピ♪] …… 32

チキンナゲット
[簡単チキンナゲット♪〜鶏胸肉で〜] …… 33

ささみの揚げ春巻
[大葉がアクセント☆ささみチーズ春巻] …… 34

鶏肉のマヨポン炒め
[食べ過ぎ注意☆鶏肉のねぎマヨポン炒め] …… 36

豚肉のおかず …… 38

しょうが焼き
[一番簡単★しょうが焼き] …… 38

豚肉と野菜のみそ炒め
[子供も大好き！豚なすピーマンみそ炒め] …… 40

酢豚
[揚げない、チョーかんたん酢豚はいかが？] …… 42

ポークチャップ
[シェフに褒められた♪母のポークチャップ] …… 44

豚バラこんにゃく
[家族喜ぶ♪豚バラこんにゃく] …… 46

7

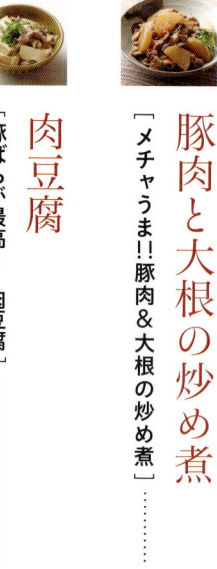

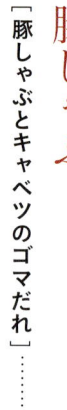

豚肉の甘酢ねぎごまだれ
[豚バラに、甘酢ネギ胡麻だれ。] …… 48

豚しゃぶ
[豚しゃぶとキャベツのゴマだれ] …… 49

野菜の豚肉巻き
[アスパラの豚肉巻き※照りマヨ生姜たれ※] …… 50

豚肉と大根の炒め煮
[メチャうま!!豚肉＆大根の炒め煮] …… 52

肉豆腐
[豚ばらが最高！ 肉豆腐] …… 53

とんぺい焼き
[とろ〜りチーズ♪豚もやしのとんぺい焼き風] …… 54

豚肉と白菜の重ね鍋
[白菜と豚バラ肉のミルフィーユ鍋] …… 56

豚の角煮
[やわらか豚の角煮を簡単に] …… 58

回鍋肉
[豚とキャベツを味噌だれで（新・回鍋肉）] …… 60

スペアリブ
[これぞ絶品!!おいしいスペアリブ♪] …… 62

カリカリ豚のねぎソース
[カリカリ豚ともやしのねぎソース] …… 64

焼き豚
[圧力鍋で☆簡単焼き豚!!ウマー♪] …… 66

牛肉のおかず

豚キムチ
[お子様でもイケる！めちゃウマ豚キムチ!!] …… 67

豚バラ照り焼き
[厚切り豚バラの照り焼き。] …… 68

青椒肉絲
[簡単ズボラ、味は本格★チンジャオロース] …… 70

肉じゃが
[基本の肉じゃが] …… 72

牛肉のしぐれ煮
[牛肉とごぼうのしぐれ煮。] …… 73

ステーキ
[元ハンバーグ職人直伝！牛ステーキの焼き方] …… 74

ビーフシチュー
[赤ワインのみ※絶品ビーフシチュー] …… 76

ローストビーフ
[フライパン1つde簡単ローストビーフ] …… 78

牛すじ大根
[牛すじ大根の我が家のどて焼き] …… 79

チャプチェ
[簡単なのに本格的♪チャプチェ] …… 80

その他のお肉のおかず…82

煮込みハンバーグ
[みんな大好き！ふわふわ煮込みハンバーグ♪] …… 82

豆腐ハンバーグ
[秘密の豆腐ハンバーグ] …… 84

鶏そぼろあんかけ
[♥とろ〜り優しい♥豆腐の鶏そぼろあんかけ] …… 86

メンチカツ
[定番★お肉屋さんのメンチカツ] …… 88

鶏つくね
[つくねの甘辛照焼き] …… 90

餃子
[キャベツ派うちんちの 週1餃子] …… 92

ひき肉と大根の煮もの
[大根とひき肉で♪簡単とろ〜り煮物] …… 94

シュウマイ
[♬フライパンで☆簡単♬シュウマイ♬] …… 96

ひき肉とピーマンの春雨炒め
[ピーマン春雨] …… 98

ハムカツ
[☆簡単！旨い！ハムカツ☆] …… 99

もつ鍋
[美味しいもつ鍋☆博多の名物] …… 100

レバニラ炒め
[レバニラ炒め] …… 102

ウインナーとポテトの炒め
[旨うま♡コンソメポテト☆ウインナー炒め☆] …… 104

生ハムのアンティパスト
[ゆで卵を生ハムで♡アンティパスト] …… 105

ごはん・めん

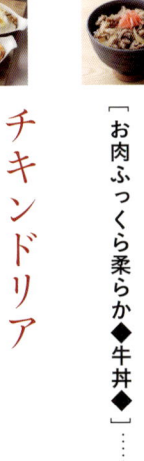

親子丼
[親子丼] …… 106

豚丼
[こってり甘旨っ！◆豚丼◆] …… 108

牛丼
[お肉ふっくら柔らか◆牛丼◆] …… 109

チキンドリア
[簡単手作りホワイトソースdeチキンドリア] …… 110

ミートソース
[極ウマ♡ナスとひき肉のボロネーゼ風パスタ] …… 112

キーマカレー
[我が家のキーマカレー〈ひき肉カレー〉♡] …… 114

タコライス
[●沖縄料理● あるもので簡単タコライス] …… 116

肉うどん
[肉うどん] …… 118

シンガポールチキンライス
[簡単本格!!シンガポールチキンライス] …… 119

汁もの

豚汁
[我が家の豚汁✽] …… 120

サムゲタン
[風邪ひきかい?【おうちで簡単サムゲタン】] …… 122

ナンプラースープ
[豚ひき肉と大根のナンプラースープ] …… 124

ユッケジャン
[スタミナ"辛"韓国スープ(ユッケジャン)] …… 126

ウインナーとキャベツのスープ
[◆キャベツとウインナーのコトコトスープ★] …… 128

この本のルール

▼分量表記について
大さじ1は15㎖、小さじ1は5㎖、1カップは200㎖です。いずれもすりきりで量ります。米一合は180㎖です。

▼調味料について
特に注釈がない場合は、しょうゆは濃口しょうゆ、みそはお好みのみそ、バターは有塩バターを使用しています。

▼でき上がりの量、調味について
各レシピの材料や分量については、各レシピ作者が考案した味を尊重しています。でき上がる分量や塩分量、調味料の量などはレシピによって異なるので、作る前によく確認をしてください。

▼火加減について
強火、弱火など、火加減についての表記がない場合は、すべて中火にて調理、加熱を行ってください。

▼電子レンジについて
電子レンジのワット数は、各レシピ作者によって異なり、レシピ本文に500Wまたは600Wと表記しております。加熱する時間はメーカーや機種によって異なりますので、様子を見て加減してください。

▼掲載レシピについて
掲載しているレシピは、サイト内における「人気ランキング」、また人気の指標でもある「つくれぽ数」などを元にして厳選しています。料理名の記載は、「一般的な料理の名称」「レシピ作者が考えた料理名」を並列させて表記しています。

サンラータン
［酸辣湯（サンラータン・スーラータン）］……129

プレミアムサービスの紹介
130万人以上が利用中！
プレミアムサービスでできること……130

素材別 index……131 132

鶏肉のおかず

「唐揚げ」「バンバンジー」など人気メニューに、マヨネーズやポン酢などおなじみ調味料を使ったアイデアおかずを厳選してご紹介。

鶏の唐揚げ

［めっちゃジューシー♪鶏の唐揚げ］レシピID 6913 27

材料［作りやすい分量］

- 鶏もも肉 … 300g
- A
  - にんにく（すりおろし）… 1かけ
  - しょうが（すりおろし）… 1かけ
  - 酒 … 大さじ2
  - しょうゆ … 大さじ1½
  - ごま油 … 小さじ1
- 卵 … 1/2個分
- B
  - 薄力粉 … 大さじ1½
  - 片栗粉 … 大さじ1½
- 揚げ油 … 適量

作り方

1. 鶏肉は大きめのひと口大に切り、ポリ袋に入れる。Aを加えてよくもみ込み、冷蔵庫で30分ほどおく。
2. 1に溶きほぐした卵を入れてよくもみ込み、できれば30分ほどおく（時間がなければすぐ3へ）。
3. 2にBを入れて混ぜる。カリッと仕上げたい場合は、ボウルにBを合わせて入れ、そこに汁けをきった鶏肉を入れてまぶす。
4. 中温の揚げ油で3を入れて揚げる。**少し揚げ色が足りないうちに取り出し、2～3分おく【コツ1】。**
5. 揚げ油を高温に上げて4を戻し入れ、こんがりと揚げ色がつくまで、1～2分揚げる。器に盛り、あればくし切りにしたレモン適量（分量外）を添える。

コツ 1
鶏肉は少し揚げ色が足りないうちにいったん取り出し、休ませてからもう一度揚げて。

レシピ作者
ぱんこ625

全量で
867kcal

スタッフメモ 外はカリッ、中はジューシー。箸が止まらないほどのおいしさです。

> **つくれぽ**
> いつもこのレシピにお世話になってます♪倍量作ってもペロリです♪

チキンステーキ

[★めちゃうま♡チキンステーキ★] レシピID 1087915

材料［2人分］

- 鶏もも肉 … 2枚
- 塩、黒こしょう … 各少々
- 卵 … 2個
- A
  - 酒 … 1/4カップ
  - 砂糖 … 大さじ3
  - しょうゆ … 大さじ2
  - オイスターソース … 大さじ1
  - トマトケチャップ … 大さじ1

作り方

1. フライパンに油適量（分量外）を熱して卵を割り入れ、半熟状の目玉焼きを作り、取り出しておく。
2. Aは混ぜ合わせておく。
3. **鶏肉は包丁で皮と身の面に数カ所切り目を入れ【コツ1】**、両面に軽く塩、黒こしょうをふる。
4. 1のフライパンに油適量（分量外）を中火で熱し、3の皮目を下にして入れ、こんがりと焼き色がつくまでじっくり焼く。
5. 4の皮がパリパリになったら裏返し、ふたをして中火で中まで火を通す。**脂が出すぎた場合はキッチンペーパーで少しふく**。
6. 5に2を加え、煮つめながら鶏肉にからめる。器に盛り、1とあればサニーレタス適量（分量外）を添える。

脂はたれの旨みになるので取りすぎないように！

レシピ作者 sairamama

1人当たり 787kcal

コツ①

焼いたときに鶏肉の身が縮まないように、皮と身の面に切り目を入れて。

スタッフメモ 甘めのソースは子どもも大好きなはず！ 白いご飯にのっけて丼にしてもおいしそう。

> **つくれぽ**
>
> このソースの虜です♪ハンバーグとかもこのソースで焼いてます♪

[簡単 ❋ 鶏手羽元と大根＆卵の煮物]

手羽元と大根、卵の煮もの

レシピID 1682637

材料 [作りやすい分量]

手羽元 … 10本
大根 … 約20cm（お好みの量で）
卵 … 人数分
A｜水 … 1ℓ
　｜酒 … 1/4カップ
　｜みりん … 1/4カップ
　｜しょうゆ … 80mℓ
　｜砂糖 … 大さじ3
　｜しょうが（チューブ） … 5cmほど
油 … 適量

作り方

1 大根は1.5cm厚さの半月切りにする。鍋に米のとぎ汁または水とともに入れて5分ほど下ゆでする（この工程は省いてもOK）。

2 卵はゆで卵にし、殻をむいておく。

3 **手羽元は水で軽く洗い、キッチンペーパーで水けをふく。フライパンに油を熱して手羽元を入れ、軽く焼き目をつける（ここでは完全に中まで火を通さなくてもOK）。**

4 3にAと1と2を入れる。1を下ゆでしている場合は、しばらく煮てから1を入れる。ふたをして20〜30分ほど煮込む。途中でアクが出るのでとる。**火を止めてそのまましばらくおく。**

手羽元は軽く洗って少し焼き目をつけると臭みがやわらぐ。

火を止めてしばらくおくと味がよくしみておいしさアップ。

レシピ作者
トーイまま

全量で
1589kcal

> **つくれぽ**
> リピです♡だしの素を使わずできるなんて♪主人からも好評でした☆

スタッフメモ　作った後、何度か火を通すうちにお肉が軟骨までほろりやわらかくなって絶品。

バンバンジー
[棒々鶏（バンバンジー）]
レシピID 218312

> **つくれぽ**
> ピリ辛だけど、甘さもありペロリと食べてしまいました!!

材料 [4人分]
- ささみ … 4本
- 酒 … 大さじ2
- 塩 … 小さじ1/2
- きゅうり … 1本
- トマト … 1個

たれ
- しょうが（すりおろし・チューブ可）… 1かけ
- 練りごま（白）、砂糖、酢、しょうゆ … 各大さじ2
- ラー油、ごま油 … 各大さじ1

作り方
1. 小鍋に水3カップ（分量外）、酒、塩を入れて火にかける。沸騰したらささみを加えて再び沸騰したら火を弱め、3分ほどゆでて火を止め、そのまま冷ます。
2. 1を取り出して細かく裂く（硬い筋の部分は取り除く）。
3. トマトはへたを取り、横に薄切りにする。きゅうりは斜め薄切りにしてから細切りにするか、ピーラーでペラペラの薄切りにする。
4. **たれを作る。ボウルにしょうが、練りごま、砂糖、酢、しょうゆを順に加えてよく混ぜ、ラー油、ごま油を加えて混ぜる。**
5. 器に3、2の順に盛り、食べる直前に4をかける。

> たれは多めなので、余ったら冷やし中華やサラダなどのドレッシングに。

レシピ作者
せつぶんひじき

1人当たり
226kcal

スタッフメモ しっとりとしたささみが美味。ピリ辛だれとも相性抜群でした。

鶏むね肉焼き

[むね肉のくせに…ウマウマ!!]
レシピID 1422805

> **つくれぽ**
> 漬け込むだけで、簡単だし、さっぱりで美味しかったです!

材料 [作りやすい分量]
鶏むね肉 … 2枚
A│マヨネーズ … 大さじ2
　│酢 … 大さじ2
　│しょうゆ … 大さじ2
小麦粉 … 大さじ4

作り方
1. 鶏肉は繊維に垂直にそぎ切りにする。
2. ボウルに1とAを入れて1〜2時間漬ける。
3. 2に小麦粉を加えて混ぜ合わせる。
4. フライパンに多めの油(分量外)を熱し、3を並べて火が通るまで焼く。
5. 器に4を盛り、あればゆでたブロッコリー適量(分量外)を添える。

焦げやすいので途中で弱火にするとよい!

レシピ作者　ミ〜ちん

全量で **845kcal**

スタッフメモ　マヨネーズの効果で驚くほどやわらか!むね肉とは思えないジューシーさ。

チキン南蛮

[大人気☆揚げないチキン南蛮] レシピID 8749177

材料［2人分］

鶏むね肉（または鶏もも肉）… 大1枚
小麦粉 … 適量
卵 … 1個
甘酢
　砂糖 … 大さじ3
　酢 … 大さじ2
　しょうゆ … 大さじ1½〜2
タルタルソース
　玉ねぎ … 1/4個
　ゆで卵 … 1個
　マヨネーズ … 大さじ3
　牛乳（プレーンヨーグルト
　　または豆乳）… 大さじ1
パセリ（みじん切り・お好みで）… 適量

作り方

1. 鶏肉は身の厚い部分を開いて均一にし、食べやすい大きさに切る。
2. 甘酢の材料を混ぜ合わせておく。
3. タルタルソースを作る。玉ねぎときゅうり適量（分量外）はみじん切りにし、薄い塩水にさらして水けを絞る。ゆで卵はフォークでつぶす。マヨネーズ、牛乳を加えてあえる。
4. ポリ袋に1と小麦粉を入れ、全体にふってまんべんなく混ぜる。卵を割り入れ、袋の上から卵をつぶすようにして全体にもみ込む。**小麦粉をバットに広げ、鶏肉に薄くまぶす【コツ1】**。
5. フライパンに少し多めの油（分量外）を引き、4を並べて弱めの中火できつね色になるまで揚げ焼きにする。裏返して弱火にし、ふたをしてじっくりと蒸し焼きにする（皮つきの場合は皮目から焼き、最初に引く油も少なめにするとよい）。
6. 5に火が通ったら、余分な油をふき取り、強めの中火にして2を一気に加えて全体にからめる（煮詰め過ぎに注意）。
7. 器に鶏肉を盛り、フライパンのたれをかける。その上に3をたっぷりとかけ、パセリをふり、あればレタスやきゅうりなどの生野菜適量（分量外）を添える。

コツ1
鶏肉に小麦粉を薄くまぶすと、たれがよくからんでおいしさアップ。

レシピ作者 けいちょん

1人当たり 609kcal

スタッフメモ　揚げていないのでさっぱり！やさしいタルタルソースはやみつきになりそうです。

つくれぽ

旦那に大絶賛♡食べ終わった後タルタルソースも食べてました(笑)

鶏肉の甘酢煮

[鶏むねの甘酢煮] レシピID 566958

レシピ作者
MyDining

1人当たり
228kcal

スタッフメモ　冷めてもおいしいので、お弁当のおかずにおすすめです。

材料 ［4〜5人分］

鶏むね肉 … 小2枚（450g）
下味
　酒 … 大さじ1
　塩 … 適量
　にんにく（すりおろし・お好みで）… 適量
小麦粉 … 大さじ3〜
A
　しょうゆ … 大さじ2
　砂糖 … 大さじ2
　米酢 … 大さじ1½
　みりん … 大さじ1
　酒 … 大さじ1
　だし汁 … 1/4カップ
敷き野菜（あるもの）… 適量
マヨネーズ … 適量
いりごま（白）… 適量

作り方

1 Aは混ぜ合わせておく。
2 鶏肉は縦に2等分にし、5mm厚さのそぎ切りにする。
3 2に下味をもみ込み、1枚ずつ小麦粉をまぶす。
4 フライパンに少し多めの油（分量外）を強めの中火で熱し、3の両面をこんがりと焼く。
5 4に1を入れて酸味を飛ばし、**ふたをして2〜3分蒸し焼きにする【コツ1】**。全体に火が通ったら、強火で煮からめてツヤを出して火を止める。
6 器にせん切りのキャベツなどお好みの敷き野菜を敷いて5を盛る。仕上げにマヨネーズを絞っていりごまをふり、あればイタリアンパセリ少々（分量外）を添える。

コツ①
ふたをして蒸し焼きにすると、火も通りむね肉でもふっくらやわらかく仕上がる。

つくれぽ
安い・旨い・早いのスペシャルレシピですね♡パサパサ感なくて感動☆

タンドリーチキン

[簡単やわらかしっとり♥タンドリーチキン] レシピID 363630

材料［3枚分］

鶏むね肉 … 3枚

A
- プレーンヨーグルト … 1カップ
- カレー粉 … 大さじ1
- しょうゆ … 大さじ1
- 塩 … 小さじ1
- トマトケチャップ … 大さじ3

作り方

1. **鶏肉はフォークで穴をあける【コツ1】**。
2. ファスナー付き保存袋にAを入れて袋の上からよくもみ、混ぜる。
3. 2に1を入れてさらにもんで、味をなじませる。余分な空気を抜くようにしてファスナーを閉め、冷蔵庫でひと晩おく。
4. 耐熱皿に3をたれごと広げる（鶏肉が冷たいと生焼けになる場合があるので、事前に600Wの電子レンジで2分ほど加熱しておくとよい）。
5. オーブントースターで焼き色がつくまで15〜20分焼く。食べやすい大きさに切って器に盛り、あればちぎったレタス適量（分量外）を添える。

コツ①

鶏肉にフォークで穴をあけておくと、味がしみ込みやすくなる。

レシピ作者
みるくとここあともも

1枚当たり
532kcal

つくれぽ
漬け込んで焼くだけなのに味は本格的で肉は柔らかくて最高です!

スタッフメモ 漬け込むだけで手軽にインド風家庭料理がおうちで楽しめます。

手羽中のスペアリブ

[めちゃ旨！甘辛名古屋味チキンスペアリブ]　レシピID 1109217

材料 [作りやすい分量]

- 手羽中（鶏スペアリブ）… 500g
- 小麦粉 … 適量
- A
  - しょうゆ … 大さじ4
  - みりん … 大さじ2
  - 三温糖（または砂糖）… 大さじ2
  - にんにく（すりおろし）… 適量
  - 水 … 大さじ3
- サラダ油 … 適量
- こしょう … 適量
- いりごま（白）… 適量

作り方

1. ポリ袋に手羽中と小麦粉を入れ、全体に粉をまんべんなくまぶす。
2. 小さめのボウルにAを入れて混ぜ合わせておく。
3. フライパンにサラダ油を強火で熱し、<u>1を並べて焼く。焼き色がついたら、中火〜弱火にしてじっくりと焼く</u>【コツ1】。
4. 裏返して焼き、全体が焼けたら、余分な脂をキッチンペーパーでふく。2を加え、強火で全体に煮からめ、こしょうをたっぷりとふる。
5. 器にあれば斜め薄切りにしたきゅうり適量（分量外）を敷いて4を盛り、いりごまを散らす。

コツ①

最初は強火で焼き色がしっかりとつくまで焼くのがコツ。

レシピ作者　yamita

全量で 1413kcal

スタッフメモ　フライパンで手軽に作れるのが魅力的。ビールにとっても合います。

つくれぽ
お店で食べた手羽先と同じ味!めっちゃ美味でした☆また作りまーす♪

ローストチキン

[＊クリスマスに＊ローストチキンレッグ] レシピID 313431

材料 [3本分]

鶏もも肉（骨付き）… 3本

A
- しょうゆ … 1/2カップ
- 砂糖 … 大さじ5
- 酒 … 1/4カップ
- ナンプラー … 小さじ1
- にんにく … 1かけ
- しょうが … 1かけ
- ローリエ … 1枚

じゃがいも（蒸したもの・お好みで）… 適量
クレソン（お好みで）… 適量
粗びき黒こしょう … 適量

作り方

1. Aのにんにくとしょうがは薄切りにし、ファスナー付き保存袋に残りのAとともに入れて混ぜる。
2. 1に鶏肉を入れてファスナーを閉め、**冷蔵庫で2日間ほど漬け込む**【コツ1】。
3. じゃがいもはよく洗い、皮つきのままラップで包み、600Wの電子レンジで3〜4分加熱してから薄切りにする。
4. 耐熱皿に3を並べ、その上に2を、皮目を上にしておく。190℃のオーブン（予熱なし）の中段で、35〜40分焼く。途中焦げそうになったら、アルミホイルをかぶせる。
5. 器に4を盛ってお好みでクレソンを添え、粗びき黒こしょうをふる。

コツ1

鶏肉に調味液が均一にしみ込むように、ときどき保存袋をひっくり返すとよい。

レシピ作者　マーサ

1本当たり **554kcal**

スタッフメモ　調味液にナンプラーを加えるアイデアが最高！本格的な味わいにうっとりです。

つくれぽ

毎年これにきまりや
な〜の主人の誉め
言葉が嬉しかった
〜美味しすぎ〜

手羽元の甘辛さっぱり煮

[鶏手羽元の甘辛さっぱり煮 人気レシピ♪]
レシピID 1879782

つくれぽ
運動会のお弁当に大量に作りました！冷めても美味しいですね。

材料 [約8本分]

手羽元 … 500g
A｜しょうゆ … 1/4カップ
　｜料理酒 … 1/4カップ
　｜酢 … 1/4カップ
　｜砂糖 … 50g ●
みりん（後入れ）… 1/4カップ

砂糖50gは計量カップで60mlの目盛りくらい。

作り方

1. フライパンまたは厚手の鍋に油少々（分量外）を熱し、手羽元を入れて表面を軽く焼く。
2. 1にAを加え、落としぶたをしてさらにふたをして、ごく弱火で30分煮る（途中焦げそうなら、水適量〈分量外〉を足す）。
3. 途中一度上下を返し、最後に**みりんを加えて5分ほど煮つめ**、照りを出して火を止める。
4. 器に3を盛り、あればお好みでいりごま適量（白・分量外）をふる。

スタッフメモ お酢の酸味がほどよく、白いご飯にぴったり。分量も覚えやすいですね。

レシピ作者
rie-tin

全量で
915kcal

チキンナゲット

[簡単チキンナゲット♪〜鶏胸肉で〜] レシピID 15877773

材料 [4人分]
鶏むね肉 … 600g
卵 … 1個

A ┃ 酒、しょうゆ、マヨネーズ … 各大さじ1
　┃ 小麦粉 … 大さじ6
　┃ 塩 … 小さじ1弱
　┃ こしょう … 適量

作り方
1. 鶏肉は皮と余分な脂を取り除き、粗みじん切りにしてから**包丁でたたく【コツ1】**。
2. ボウルに卵を溶きほぐし、1、Aを入れてよく混ぜ合わせる。
3. フライパンに5㎜〜1㎝ほどの油（分量外）を温める。
4. スプーンで2をすくって平らにならしながら入れ、両面がきつね色になるまで揚げる。器に盛り、あればくし切りにしたレモン、ローズマリー各適量（各分量外）を添える。

コツ1 鶏肉は薄切りにしてから粗みじん切りにし、適当にたたくだけ。

レシピ作者 **santababy**

1人当たり **286kcal**

つくれぽ
持ち寄りパーティーに持っていきます。優しい味で子供にもよさそう。

スタッフメモ　鶏肉を粗くたたくことで、食べごたえが出るのですね！お好みでケチャップをつけても。

大葉がアクセント☆ささみチーズ春巻 ささみの揚げ春巻き

レシピID 12411516

材料 [10個分]

ささみ … 3本くらい
塩、こしょう … 各適量
酒 … 大さじ1くらい
スライスチーズ（とけるタイプ）
　… 5枚または10枚
青じそ … 5枚または10枚
練り梅（チューブ・お好みで）… 適量
春巻きの皮 … 10枚
水溶き小麦粉 … 適量
サラダ油 … 適量

作り方

1. ささみは筋を取る【コツ1】。
2. 耐熱容器に1を並べ、塩、こしょう、酒をふり、ラップをかけて600Wの電子レンジで2分加熱する。火が通ったら、手で細かく裂いてほぐす。
3. スライスチーズ、青じそはそれぞれ縦に2等分にしておく（スライスチーズ、青じそは1個につき1枚ずつ使ってもOK。その場合は切らずに使う）。
4. 春巻きの皮のギリギリ下側にスライスチーズをおき、その上にささみ、あればお好みで練り梅をのせる。皮の上側に青じそをおいて下から巻いていく。
5. 途中まで巻いたら、皮の上側においた青じそが半分透けるくらいの位置にずらす【コツ2】。最後まで巻き、水溶き小麦粉で皮の端を留める。
6. フライパンにサラダ油を熱し、5をきつね色になるまで揚げる。

コツ①
ささみの筋はフォークで押さえて引っ張りながら取ると簡単！

コツ②
写真のような位置に青じそをおいて巻くと、見た目がきれいに仕上がる。

レシピ作者 meg526

全量で 1013kcal

スタッフメモ 青じそがアクセントになっていて、さっぱりしておいしい。

> **つくれぽ**
> 意外とボリュームあるんですね!旦那も満足してくれました☆

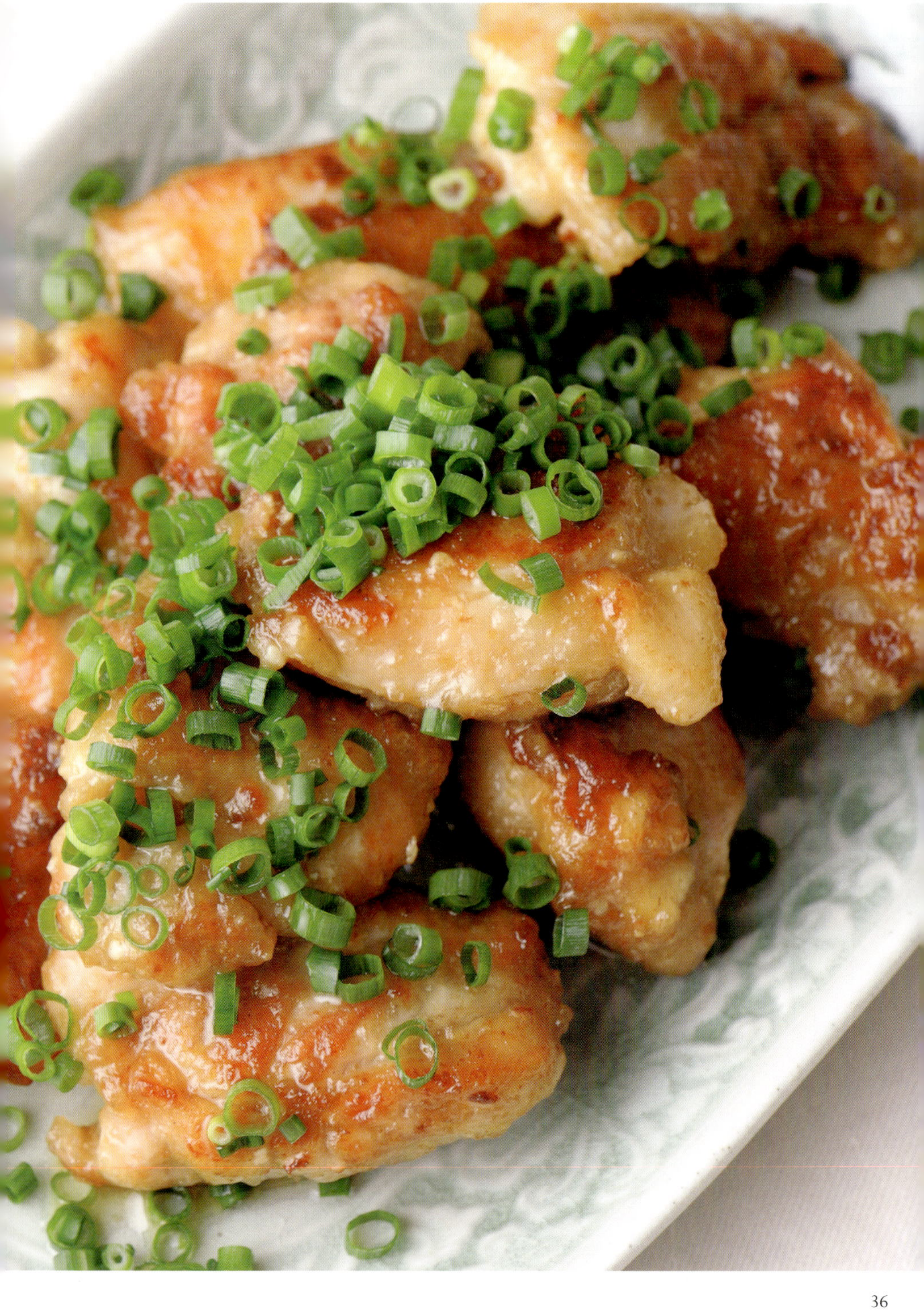

鶏肉のマヨポン炒め

[食べ過ぎ注意☆鶏肉のねぎマヨポン炒め] レシピID 450372

つくれぽ
食べ過ぎるの分かります！マヨポンサイコー！リピ決定 d(^o^)b

材料 [4人分]
- 鶏もも肉（または鶏むね肉）… 2枚
- A
  - 塩、こしょう … 各適量
  - 酒 … 大さじ1
  - しょうゆ … 大さじ1
- 片栗粉 … 大さじ2～3
- **マヨネーズ（炒め用）… 大さじ2**
  - ※炒め用にカロリーハーフのマヨネーズを使うと、ダマになりやすい上、とけるのに時間がかかるので要注意。
- **マヨネーズ（味つけ用）… 大さじ1**
- 万能ねぎ（小口切り）… 適量（たっぷり目に）
- ポン酢しょうゆ … 大さじ2

> 炒め用と味つけ用の両方にマヨネーズを使うとコクと風味がアップ！

作り方
1. 鶏肉は食べやすい大きさに切る。
2. ポリ袋に1とAを入れてよくもみ込み、10分以上おいて片栗粉をまぶす。
3. フライパンにマヨネーズ（炒め用）を入れてから熱し、マヨネーズが溶けてきたら2を入れる。
4. **強めの中火にして肉の表面をこんがりと焼く。** 表面が焼けたら、少し火を弱め、ふたをして中まで火を通す。
5. 仕上げにマヨネーズ（味つけ用）、ポン酢しょうゆ、万能ねぎを加え、さっと混ぜる。

> 動かしたり、混ぜたりしないこと！

レシピ作者　おぶうさま

1人当たり **388kcal**

スタッフメモ　コクと酸味のバランスが絶妙。少ない材料で作れるのもgood!

豚肉のおかず

薄切り肉で作った「肉巻き」や「豚しゃぶ」に、ガッツリ感のある「角煮」や「焼き豚」など、バラエティに富んだおかずを厳選。

しょうが焼き

[一番簡単★しょうが焼き] レシピID 697479

レシピ作者 **バカゾク**

1人当たり **338kcal**

材料 [2〜3人分]

豚ロース肉 … 300g

A
- しょうが（チューブ）… 4cm
- 砂糖 … 小さじ1
- 酒 … 大さじ1
- しょうゆ … 大さじ2
- みりん … 大さじ2

作り方

1. Aは混ぜ合わせておく。
2. フライパンに油適量（分量外）を強火で熱し、**豚肉を軽く焼く**。
3. **1を加え、たれがほとんどなくなるまで煮つめる【コツ1】**。
4. 器に3を盛り、あればお好みでちぎったレタス、プチトマト各適量（各分量外）を添える。

よりやわらかく仕上げたいときは、豚肉に小麦粉をはたいて弱火で焼いて。

コツ1 豚肉にたれがしっかりとからむまで煮つめることがおいしさの秘訣！

スタッフメモ 普段料理を作り慣れていない人、このたれの配合なら失敗なくおいしく作れます。

つくれぽ

ちゃちゃっと一品完成！タレが絡んでご飯がすすみました (^○^)

豚肉と野菜のみそ炒め

[子供も大好き！豚なすピーマンみそ炒め]　レシピID 794575

材料 [4人分]

- 豚バラ薄切り肉 … 200g
- なす … 1袋（5本）
- ピーマン … 1袋（5個）
- にんにく … 1かけ
- しょうが … 1かけ
- 長ねぎ … 10cm
- サラダ油 … 大さじ2
- A
  - みそ … 大さじ2
  - 砂糖 … 大さじ1
  - しょうゆ … 大さじ1
  - みりん … 大さじ1
  - 酒（または紹興酒）… 大さじ1

作り方

1. なすはへたを取って乱切りにし、水にさらす。ピーマンもへたと種を取って乱切りにする。豚肉は4cm幅に切る。にんにく、しょうがは薄切り、長ねぎはみじん切りにする。
2. フライパンにサラダ油、にんにく、しょうが、長ねぎを入れて熱し、油がチリチリしてきたら、豚肉を加えて炒める。
3. 2の豚肉に火が通ったら、なすを入れて炒める。なすに油が回ったら、混ぜ合わせたAと水1/2カップ（分量外）を加え、ふたをして強火で煮立てる。
4. **煮汁が煮つまってきたら、ピーマンを加え【コツ1】**、煮汁が完全になくなり、油がじゅうじゅういいだすまで炒め煮にする。

コツ1
なすはトロトロに、ピーマンはシャキッと歯ごたえを残したいので、時間差で加える。

スタッフメモ　バラ肉から出る脂が野菜とよくなじんでおいしい。

レシピ作者
izakeiji

1人当たり
358kcal

つくれぽ
やっぱりとっても美味しい！3歳の娘と取り合いながら食べましたw

酢豚

[揚げない、チョーかんたん酢豚はいかが?] レシピID 578816

材料 [2人分]

豚薄切り肉 … 200g
にんじん … 小1本
ピーマン(パプリカ) … 2個
玉ねぎ … 小1個
にんにく … 1〜2かけ
A｜砂糖 … 大さじ3
　｜トマトケチャップ … 大さじ3
　｜酢 … 大さじ3
　｜しょうゆ … 大さじ1½
水溶き片栗粉 … 適量

作り方

1. 豚肉は食べやすい大きさに切り、塩、こしょう、しょうゆ、酒各少々(各分量外)をまぶしておく。
2. にんじんは短冊切り、ピーマンはへたと種を取り、玉ねぎとともにひと口大に切る。にんにくはみじん切りにする。Aは混ぜ合わせておく。
3. フライパンにサラダ油適量(分量外)を熱し、にんにく、豚肉を入れて炒める。豚肉に火が通ったら、にんじん、ピーマン、玉ねぎを加えて炒める。
4. 3にAを加えてからめ、仕上げに水溶き片栗粉少々を加えて火を止める。

薄味に仕上げたいときは、水大さじ2〜3加えても。

レシピ作者
みみよりちゃん

1人当たり
388kcal

つくれぽ
揚げなくてもいいんだね！助かるレシピをありがとう♪

スタッフメモ ケチャップの甘酸っぱさが食欲をそそります。ボリュームも満点！

ポークチャップ

[シェフに褒められた♪母のポークチャップ] レシピID 3562217

材料 [4枚分]

豚ロース肉
　（ヒレ肉だとやわらかい）… 4枚
たれ
　┃玉ねぎ（すりおろし）
　┃　… 1/4～1/2個
　┃にんにく（すりおろし）… 1かけ
　┃トマトケチャップ … 大さじ4
　┃ウスターソース … 大さじ3
　┃酒 … 大さじ3
固形コンソメスープの素 … 1個
水 … 1カップ
塩、こしょう … 各少々

作り方

1　たれは混ぜ合わせておく。
2　**豚肉は筋切りし、1に入れて15分漬け込む【コツ1】。**
3　フライパンにサラダ油適量（分量外）を熱し、**漬けだれをなるべく落としてから2の豚肉を入れて両面を焼く。**
4　3の豚肉が焼けたらいったん取り出す。漬けだれを入れ、さらに水、ほぐしたコンソメスープの素を加えて煮つめる。
5　味を見て、薄ければ塩、こしょうで味をととのえる。
6　器に4の豚肉を盛って5をかけ、あればお好みでみじん切りのパセリ少々（分量外）をふる。あればお好みで粉ふきいも適量（分量外）を添える。

コツ①

豚肉はあらかじめ、筋切りをしてからたれに漬け込む。

漬けだれの残りはソースに使うので捨てないで！

レシピ作者
874

1枚当たり
346kcal

つくれぽ
今まで作ったポークチャップの中で最高に美味！早く出会いたかったー

スタッフメモ 玉ねぎがたっぷり入ったソースはまさに洋風レストランの味！

豚バラこんにゃく

[家族喜ぶ♪豚バラこんにゃく] レシピID 543546

材料 [4人分]
- 豚バラ薄切り肉 … 200g
- こんにゃく … 2枚（1枚250gのものを使用）
- A
  - **しょうゆ（だしじょうゆを使用） … 1/4カップ**
  - みりん … 1/4カップ
  - 砂糖 … 大さじ1
- すりごま（白） … 適量
- 万能ねぎ（小口切り） … 適量

※しょうゆの種類によって塩分が違うので量はお好みで調整を。

作り方
1. こんにゃくはスプーンで食べやすい大きさに切り、下ゆでする。豚肉は2～3cm幅に切る。
2. フライパンに油適量（分量外）を熱して豚肉を入れ、チリチリとなるまでしっかり炒める。さらにこんにゃくを加えて炒め合わせる。
3. 全体に油が回ったら、混ぜ合わせたAを加え、ふたをして中火で煮含めるようにして10分煮る。
4. 最後に強火にしてかき混ぜながら、完全に水分を飛ばして味をからめて火を止める。
5. **器に4を盛り、すりごま、万能ねぎを散らす。**

※一味または七味唐辛子、和辛子を添えても。

つくれぽ
こんにゃくたっぷりなので安心してつい食べ過ぎちゃいますね～

レシピ作者 チコリママ

1人当たり 320kcal

スタッフメモ こんにゃくに豚肉の旨みがしみて激うま！スタッフの間であっという間に完食でした。

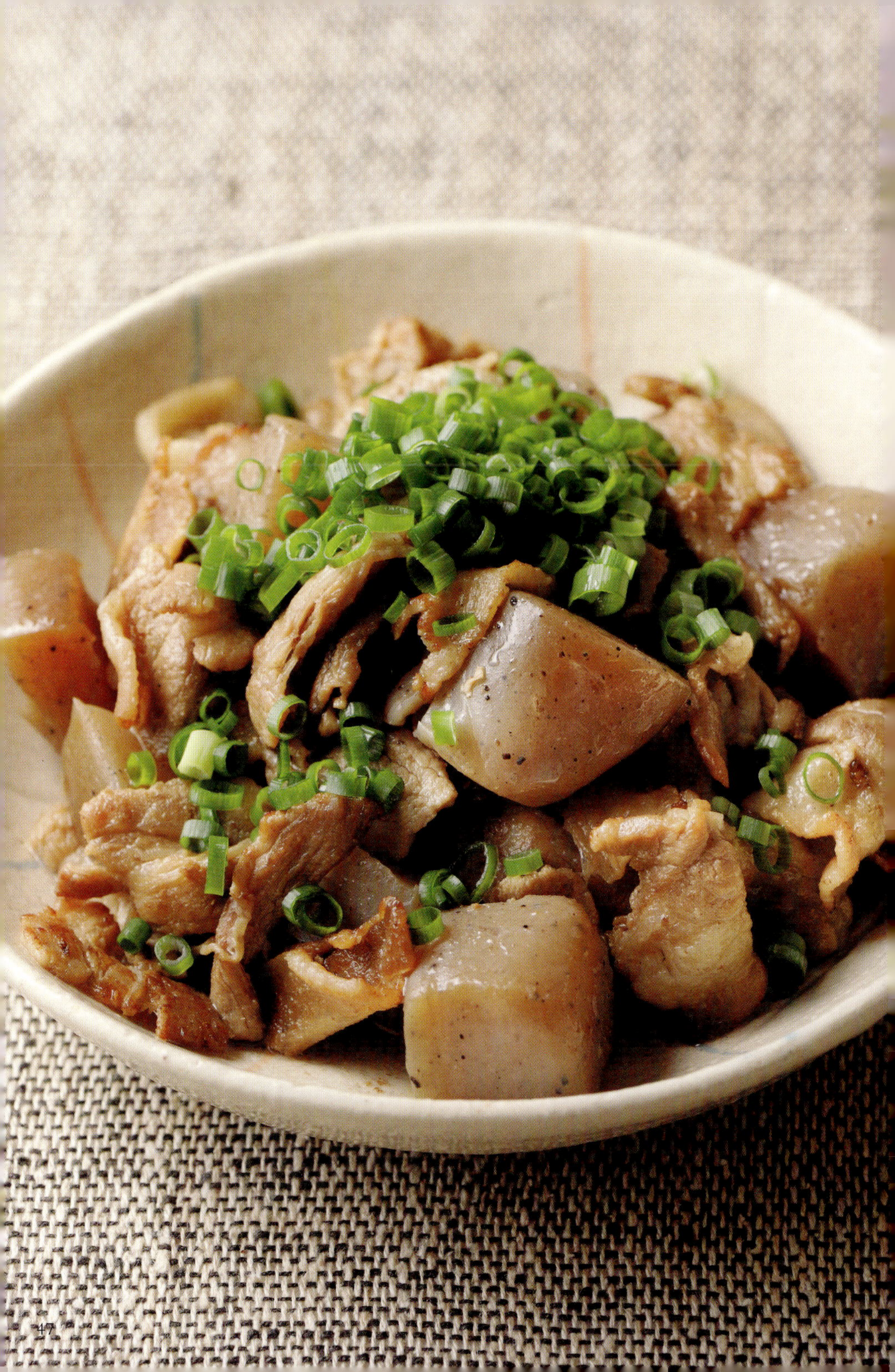

豚肉の甘酢ねぎごまだれ

[豚バラに、甘酢ネギ胡麻だれ。]
レシピID 128170

> **つくれぽ**
> このタレ美味しい〜！市販のよりこっちが断然美味☆リピします！

鶏の唐揚げのたれやせん切り野菜と淡泊な刺身のあえ衣にしても。

材料 [3〜4人分]

豚バラ薄切り肉 … 400g
たれ
　酢 … 大さじ2
　しょうゆ … 大さじ2
　砂糖 … 小さじ2
　オイスターソース … 大さじ1
　いりごま（白）… 大さじ2
　ごま油 … 大さじ1
　万能ねぎ（小口切り）… ひとつかみ

作り方

1. たれを作る。耐熱容器に酢、しょうゆ、砂糖、オイスターソースを入れ、600Wの電子レンジで1分ほど加熱してよく混ぜ合わせておく。すったごま、ごま油、ねぎを加えて混ぜる。
2. フライパンにサラダ油少々（分量外）を熱し、豚肉を並べてこんがりと焼く。
3. 器にあればお好みで根元を切り落とした貝割れ菜適量（分量外）を敷いて2を盛り、1をかける。

レシピ作者
ラビー

1人当たり
519kcal

スタッフメモ たれはおなじみの調味料にねぎを加えるだけ！その手軽さが◎。

豚しゃぶ

[豚しゃぶとキャベツのゴマだれ]

レシピID 1899261

レシピ作者 tommy0304

1人当たり **239kcal**

材料 [3人分]
- 豚しゃぶしゃぶ用肉 … 150〜200g
- 酒 … 大さじ1
- キャベツ（ざく切り）… 5枚程度
- A
  - ポン酢しょうゆ … 大さじ3
  - 砂糖 … 小さじ1
  - ごま油 … 小さじ1½
  - すりごま（白）… 大さじ2
- 青じそ（せん切り）… 4〜5枚
  （または万能ねぎ … 適量）

コツ① 豚肉をゆでる前に酒を加えると、パサつかずにやわらかくなる。

作り方
1. 鍋に湯を沸かしてキャベツをゆでる。その間にAを混ぜ合わせておく。
2. 1のキャベツがしんなりしてきたら、湯を捨てずにキャベツだけ取り出す。
3. 2の残った湯に酒を入れ【コツ1】、弱火にして豚肉を広げながら加える。肉の色が変わったら、取り出す。
4. 器にキャベツ、豚肉の順に盛り、Aをかけて青じそをのせる。

つくれぽ ポン酢がひと手間で美味しくなってビックリ！ありがとうございます♡

スタッフメモ　お肉をあっさり食べたいときにぴったり！野菜もたっぷりとれてヘルシー。

野菜の豚肉巻き

[アスパラの豚肉巻き✲照りマヨ生姜たれ✲]
レシピID 1469474

材料 [2人分]

豚ロース薄切り肉 … 8枚
アスパラガス … 6本
A
| しょうゆ … 大さじ1 1/3
| 砂糖 … 大さじ1
| マヨネーズ … 大さじ2
| みりん … 大さじ1/2
| しょうが絞り汁 … 大さじ1
サラダ油 … 小さじ1

作り方

1 Aは混ぜ合わせておく。
2 アスパラガスは下の1〜1.5cm部分を切り落とし、根元のかたい筋はピーラーでむく。
3 2を4等分に切り、ラップに包んで500Wの電子レンジで1分加熱し、冷ます。
4 豚肉1枚を広げ、3を3本のせて巻く。これを全部で8個作る。
5 フライパンにサラダ油を熱し、**4の巻き終わりを下にして中火で焼く【コツ1】**。焼き色がついたら、裏返して側面も焼き、全体に火を通す。
6 5に1を加えて20〜30秒、全体にしっかりと味をからめて火をとめる。

コツ①
豚肉は巻き終わりを下にして先に焼くと、形がくずれない。

レシピ作者
ぽっぽっぽ☆

1人当たり
324kcal

つくれぽ

旦那にも好評で二人で完食！明日のお弁当にも入れる予定です。

スタッフメモ　いんげんやにんじんなどほかの野菜で試してもおいしそう。

豚肉と大根の炒め煮

[メチャうま!! 豚肉＆大根の炒め煮]
レシピID 385094

> **つくれぽ**
> しっかり味でご飯がすすみました。少ない材料は助かります♪

材料 [3人分]
- 豚薄切り肉（または豚こま切れ肉）… 200g
- 大根 … 中1/2本
- しょうが … 1かけ
- A
  - 酒 … 大さじ2
  - みりん … 大さじ2
  - 砂糖 … 大さじ1½
  - しょうゆ … 大さじ2½

作り方
1. 豚肉はひと口大に切る。大根は洗って2〜3cm幅に切り、さらに半分に切る。しょうがはせん切りにする。Aを合わせておく。
2. 鍋にサラダ油大さじ1〜2（分量外）を熱し、しょうがを炒める。続けて豚肉を強火で炒め、色が変わったら大根を加え、焼き色がつくまで炒める。
3. 2にAを入れてひたひたの水（分量外）を加え、**ふたをして中火で汁けがなくなるまで煮る**。器に盛り、あればお好みで根元を切り落とした貝割れ菜適量（分量外）を添える。

●----- 途中で何度かかき混ぜる。

レシピ作者 nachos77

1人当たり **290kcal**

スタッフメモ 繰り返し食べても飽きないおかず！大根の香ばしい焼き目も美味。

肉豆腐

[豚ばらが最高！ 肉豆腐] レシピID 1425177

材料［1人分］
- 豚バラ薄切り肉 … 2〜3枚
- 豆腐 … 1/2丁
- 玉ねぎ … 1/4個
- A
  - 水 … 120㎖
  - しょうゆ … 大さじ1
  - みりん … 大さじ1
  - 砂糖 … 小さじ2
  - 顆粒かつおだし … 小さじ1

作り方
1. 豚肉、豆腐、玉ねぎは食べやすい大きさに切る。
2. 鍋に1の豚肉を入れて炒める。肉に火が通り、脂が十分出てきたら【コツ1】、玉ねぎを加えて炒める。
3. 玉ねぎがしんなりしてきたら、Aをすべて入れ、沸騰したら豆腐を加える。再び沸騰したら、1分ほど煮て火を止める。器に盛り、あればお好みで小口切りにした万能ねぎ適量（分量外）をのせる。

コツ1　炒め油を使わない代わりに、豚肉の脂をゆっくり引き出して。

レシピ作者 kimosuke

1人当たり **340kcal**

つくれぽ　簡単で美味しかったです！豆腐が余ったらこれですね (*^^*)

スタッフメモ　豚バラの脂を利用して炒めるのがいいですね！

とんぺい焼き

[とろ〜りチーズ♪豚もやしのとんぺい焼き風] レシピID 1441180

材料［2人分］

- 豚バラ肉 … 80〜100g
- もやし … 1袋（200g）
- 卵 … 2個
- 水溶き片栗粉
  - 片栗粉 … 小さじ1/2
  - 水 … 小さじ1
- 塩、こしょう … 各少々
- とろけるチーズ … 適量
- マヨネーズ、ソース … 各適量

作り方

1. もやしは洗ってざるにあげて水けをきる。豚肉は1cm幅に切る。
2. 大きめのボウルに水溶き片栗粉を作り、卵を溶きほぐして混ぜ合わせておく。
3. フライパンに油適量（分量外）を熱し、豚肉を炒める。肉に火が通ったら、**もやしを加えて炒め**、塩、こしょうで味をととのえていったん取り出す。
4. 2に3で炒めた豚肉ともやしを入れて全体にからめるように混ぜる。**3のフライパンに戻し入れ**、全体に広げたら、とろけるチーズをのせる。
5. 中火にして半分以上火が通ったら、半分に折って器に盛る。マヨネーズとソースをかけ、あればお好みでクレソン適量（分量外）を飾る。

> もやしは炒めすぎないように！

> 崩れが心配なら半量ずつに分けて焼いてもOK！

つくれぽ

子供もツボです♡お母さんお料理上手！と言われました♥(^-^)v

レシピ作者
EnjoyKitchen

1人当たり
352kcal

スタッフメモ シャキシャキのもやしとチーズの相性が抜群！豚肉のコクもしっかり味わえます。

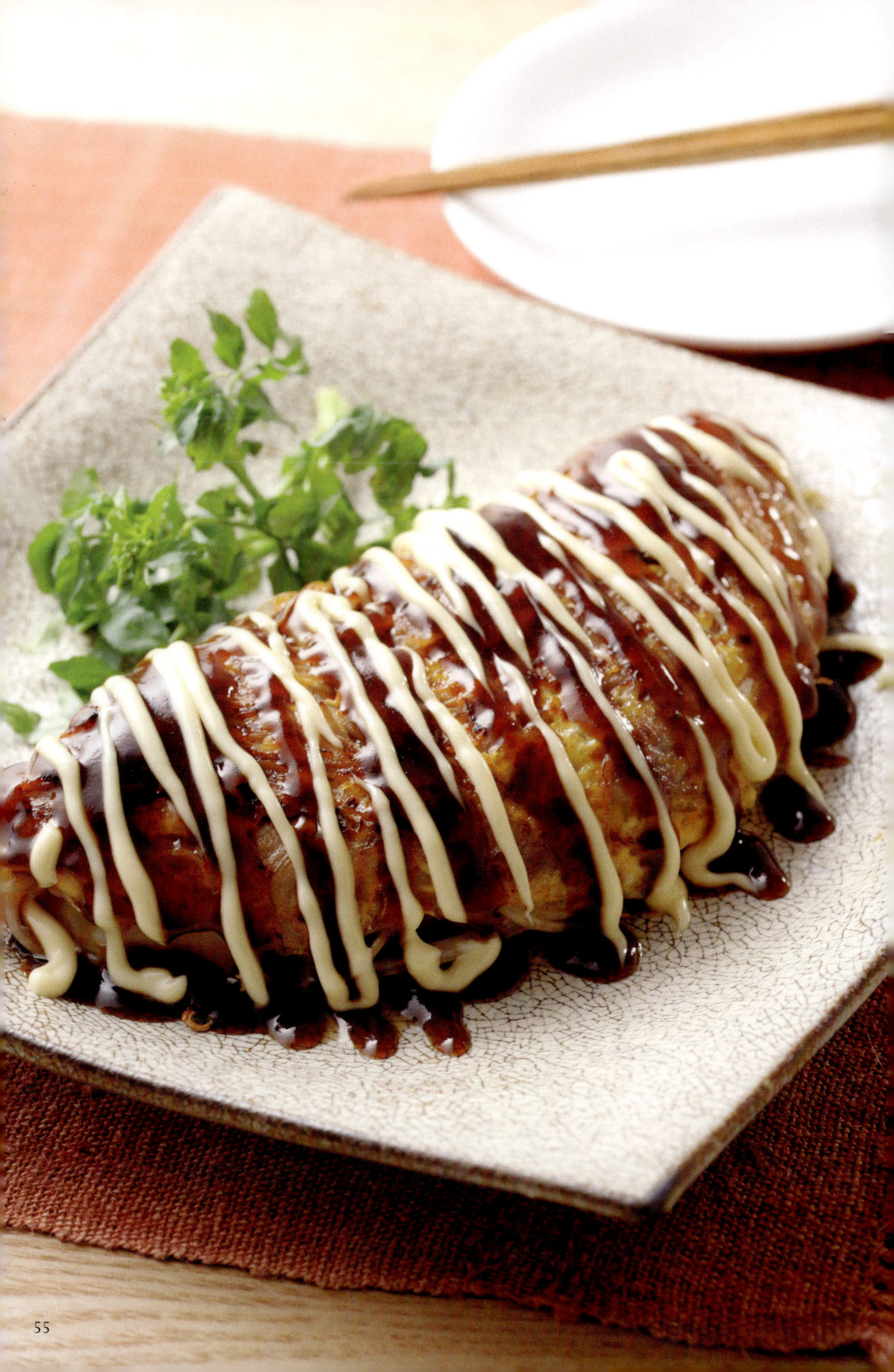

豚肉と白菜の重ね鍋

[白菜と豚バラ肉のミルフィーユ鍋]

レシピID 1650993

レシピ作者
まみんちょ

全量で
1406kcal

スタッフメモ　食材はたった2つでも満足感が高い一品。くたっとした白菜も甘くて絶品。

> **つくれぽ**
> ミルフィーユにするだけで不思議と美味しくなりますね！好評でした！

材料 [作りやすい分量]

豚バラ肉 … 300g
白菜 … 1/2株
水 … 1½カップ
顆粒和風だし … 大さじ1〜2

作り方

1. 豚肉と白菜は交互に重ね、5〜6cm幅に切る。
2. **土鍋に1を敷き詰め**、顆粒和風だし、水を加えて火にかける。
3. 豚肉と白菜に火が通ったら、火を止める。あれば**お好みでポン酢適量（分量外）**につけて食べる。

土鍋にすき間になく、いっぱい敷き詰めるのがコツ。

ごまだれやゆずこしょうもおすすめ！

豚の角煮

[やわらか豚の角煮を簡単に] レシピID 1606942

材料 [2〜3人分]

- 豚バラブロック肉 … 400〜450g
- サラダ油 … 少々
- 片栗粉 … 適量
- 長ねぎ(青い部分) … 1/2本
- A | 水 … 2カップ
    | 酒 … 大さじ3
    | 砂糖 … 大さじ3
- B | しょうゆ … 大さじ4
    | しょうが(すりおろし) … 小さじ1
- ゆで卵(なくてもOK) … 4個程度
- 練り辛子 … 少々
- 長ねぎ(薬味用・なくてもOK) … 少々

※豚肉は必ずバラ肉を使って!

作り方

1. **豚肉は表と裏の両面全体をめん棒などでたたく【コツ1】**、横から押して元の形に戻す。
2. 1を縦半分に切ってから、横に3等分に切る。表面に片栗粉を薄くまぶし、もう一度、横から押して元の形に戻す。
3. フライパンにサラダ油を弱火〜中火で熱し、2を5分ほど焼く。
4. 鍋に3と長ねぎ、水を入れて強火にかけ、煮立ったら、弱火で1時間ほど煮て、下ゆでする。
5. 別の鍋にAと4の豚肉を入れて火にかけ、煮立ったらBを加える。アルミホイルの落としぶたと鍋ぶたをして弱火で1時間ほど煮る(ゆで卵を加える場合は、残りの20分ほどになったら入れるとよい)。
6. 器に5を盛り、練り辛子を添える。

コツ①

めん棒でたたくと肉質がやわらくなる。

レシピ作者 mi0921

1人当たり 620kcal

スタッフメモ ホロホロに煮えていて味わいも食感も絶品です

つくれぽ
箸で割れるほど柔らかく作れたのは初めてです！リピ決定です。

回鍋肉

[豚とキャベツを味噌だれで（新・回鍋肉）]

レシピID 1652157

材料 [作りやすい分量]

- 豚バラ肉 … 150g
- キャベツ … 小1/6個
- 下味
  - 片栗粉 … 適量
  - 酒 … 適量
- 油 … 大さじ2
- にんにく … 1かけ

A
- 水 … 大さじ1
- みそ … 大さじ1
- しょうゆ … 小さじ1
- みりん … 大さじ1
- 酒 … 大さじ1
- 砂糖 … 小さじ2
- にんにく（すりおろし）… 小さじ2
- 赤唐辛子（または青唐辛子）… 適量
- ごま油 … 小さじ1
- 万能ねぎ（あれば・飾り用）… 適量

作り方

1. 豚肉に下味の酒をまぶしてこしょう適量（分量外）をふり、**片栗粉をしっかりとまぶす【コツ1】**。Aは混ぜ合わせておく。
2. キャベツは3×5cmほどのざく切りに、にんにくは芽を取って薄切りにする。
3. フライパンに油を熱し、にんにくと豚肉を重ならないように並べ、やや強火で両面を焼く。
4. 全体に焼き色がついたら、豚肉を端に寄せてキャベツを入れて中火で炒める。フライパンをゆすりながら、キャベツと豚肉を炒め合わせる。
5. キャベツがしんなりしてきたら、赤唐辛子を入れ、Aも加えてフライパンをゆすりながら、全体に味をからめる。仕上げにごま油を回しかけ、ざっくりと混ぜて火を止める。
6. 器に5を盛り、あれば万能ねぎを散らす。

コツ1

豚肉に片栗粉をしっかりからめてから焼いて。

レシピ作者
花の嵐

全量で
1149kcal

スタッフメモ　ぷるんとした豚肉はやわらかくてジューシー！

> **つくれぽ**
> 片栗粉がホントいい仕事してますね☆ご飯が進む味！リピします！

スペアリブ

[これぞ絶品!! おいしいスペアリブ♪] レシピID 718839

材料 [2～3人分]

豚骨つき肉（スペアリブ用）
… 500～600gくらい

A｜顆粒和風だし
　　… 1/2～1袋（5～10g）
　｜砂糖 … 大さじ1
　｜はちみつ … 大さじ2
　｜しょうゆ … 大さじ2
　｜みりん … 大さじ1
　｜酢 … 大さじ1
　｜酒 … 大さじ1

作り方

1. フライパンに多めの油（分量外）を熱し、豚肉を入れて少し焼き色がつくまで両面を焼く。
2. 大きめの鍋に1を移してひたひたの水を入れ、中火～強火にかける。沸騰する前に弱火～中火に火を弱め、**アクを取る【コツ1】**。
3. 2にAを加え、そのままふたをしないでコトコト1～2時間煮込み、煮汁がなくなってきたら火を止める。
4. 器に3を盛り、あればお好みでイタリアンパセリ適量（分量外）を添える。

コツ ①

豚肉から出るアクをしっかり取るとよい。

レシピ作者
かなBANANA

1人当たり
686kcal

> **つくれぽ**
> 何回目かのリピ♡
> 放っといたらできる
> しテリテリ美味しい
> ☆素敵レシピ

スタッフメモ　アクをきちんと取っているので臭みがなく、食べごたえも満点！

カリカリ豚のもやしのねぎソース

[カリカリ豚ともやしのねぎソース] レシピID 6087022

材料[2人分]

豚こま切れ肉 … 100g （こま切れの代わりにバラ肉でもOK!）
もやし … 1袋
片栗粉 … 大さじ1
ねぎソース
　長ねぎ（みじん切り）… 7〜8cm
　しょうゆ … 大さじ3
　砂糖 … 大さじ1
　赤唐辛子（輪切り・種を取る）… 少々
　酢（純米酢使用）… 大さじ3
わけぎ（あれば・小口切り）… 少々

作り方

1. もやしは洗い、できればひげ根を取る。豚肉は固まっている部分を広げ、3cm長さに切る。
2. **鍋に湯を沸かして塩適量（分量外）を入れ、1のもやしをゆでてざるにあげる。**（シャッキリ感が残る程度にゆでて。）
3. ねぎソースを作る。フライパンを熱してしょうゆ、砂糖を入れる。砂糖が溶けて沸いてきたら、赤唐辛子、酢を加えて混ぜる。火を止めてから長ねぎも加える。
4. 1の豚肉に片栗粉をまぶす。フライパンに多めのサラダ油（分量外）をごく弱火で熱し、豚肉がカリカリになるまで揚げ焼きにし、3に漬ける。
5. 器に2を盛って4をかけ、彩りにわけぎを飾る。

レシピ作者 YASHIGANI

1人当たり 219kcal

つくれぽ

疲れていたので、豚肉と酸味の効いたソースでパワー回復できました！

スタッフメモ　お値打ち食材でボリュームのある主菜が完成！主婦が喜ぶ1品ですね！

焼き豚

[圧力鍋で☆簡単焼き豚!!ウマー♪]

レシピID 82803

つくれぽ
パオに挟んで美味 圧力鍋で簡単!ラーメンスープや炒飯でも活躍 感謝

材料［5人分］
豚ブロック肉 … 約500g
油 … ごく少量

A
しょうが（チューブ可）… 少々
玉ねぎ（粗みじん切り）… 1個
しょうゆ … 大さじ6
砂糖 … 大さじ3
酒 … 大さじ3
水 … 2カップ

作り方
1 豚肉は全体に**フォークを刺す**（たこ糸が巻かれていなければ、巻く）。フライパンに油を強火で熱し、豚肉全体に焦げ目がつくまで焼く。
  〔味をしみ込みやすくし、火の通りをよくする。〕

2 圧力鍋にAと1を入れて火にかけ、圧力をかける。蒸気が出てきたら、中火〜弱火にして20分。火を止めて余熱で15分おく。

3 ふたを開けて豚肉に竹串を刺してみて、赤い汁が出てこなければOK。ふたをはずして再び火にかけ、**ときどき豚肉を転がしながら、煮つめる**。
  〔余熱でも煮詰まるので、お好みの一歩手前で火を止めるとちょうどよいたれに！〕

4 器に3を食べやすく切って盛り、煮汁をかける。あればお好みで白髪ねぎ適量（分量外）を添える。

レシピ作者
なりお

1人当たり
281kcal

スタッフメモ　玉ねぎの効果でお肉がやわらか！たれにもおいしいとろみがつきました。

豚キムチ

[お子様でもイケる！めちゃウマ豚キムチ!!]

レシピID 779440

材料 [2人分]
- 豚バラ肉 … 80g
- キムチ … 150g
- マヨネーズ … 大さじ1
- A
  - 酒 … 大さじ1
  - 砂糖 … 大さじ1½
  - 薄口しょうゆ … 小さじ1
- ごま油 … 小さじ1
- 万能ねぎ（小口切り）… 適量

つくれぽ
マヨネーズを入れるのは驚きでしたぁー！優しい豚キムですね♥

作り方
1. 豚肉はひと口大に切る。
2. **フライパンにマヨネーズを熱し**、1を炒める。ある程度火が通ったら、キムチを加えて炒め合わせる。　→ マヨネーズを油代わりに使う。
3. 少し火を強めてAを混ぜ、水分が少なくなってきたら、ごま油を加えてざっと混ぜ、火を止める。
4. 器に3を盛って万能ねぎをかけ、あればお好みで温泉卵1個（分量外）をのせる。

レシピ作者　タイシーン

1人当たり 304kcal

スタッフメモ　辛味がマイルドなので、子どもでもおいしく食べられますね！

豚バラ照り焼き

[厚切り豚バラの照り焼き。] レシピID 2032258

材料 [3 〜 4 人分]

豚バラブロック肉 … 350g
にんにく … 1かけ
サラダ油 … 少々

A｜しょうゆ … 大さじ2
　｜オイスターソース … 大さじ1
　｜はちみつ … 大さじ2

作り方

1 豚肉は6〜7mm厚さに切る。にんにくはすりおろす。

2 フライパンにサラダ油を引いて火にかけ（テフロン加工のものなら油なし）、熱くなってきたら、豚肉を入れて強火にし、両面をこんがりと焼く。いったん火を止め、**キッチンペーパーで余分な脂をふき取る【コツ1】**。

3 再び火をつけ、Aとにんにくを加えて焦がさないように煮つめる。豚肉にほどよい照りが出てきたら、火を止める。

4 器にあればお好みでソテーしたほうれん草適量（分量外）を敷く。3を盛り、お好みでマヨネーズ適量（分量外）をかける。

コツ①

後から加える調味料が豚肉にからみやすいようにキッチンペーパーで余分な脂を吸い取って。

レシピ作者
ラビー

全量で
435kcal

つくれぽ
ブロック肉なのにスピード料理!!タレもとっても美味しかったです♪

スタッフメモ カリッと焼けた豚肉にはちみつ入りの甘辛たれが合うのですね。

牛肉のおかず

青椒肉絲
[簡単ズボラ、味は本格★チンジャオロース]
レシピID 2183021

「肉じゃが」「しぐれ煮」などほっこりするものから、「ステーキ」「シチュー」などのごちそう感のあるメニューを集めました。

材料 [4～5人分]

- 牛バラ切り落とし肉（または豚薄切り肉）… 200g
- ピーマン … 5～6個
- たけのこ水煮（細切り）… 1袋（200g）
- A
  - ごま油 … 大さじ1
  - にんにく（すりおろし・チューブ可）… 大さじ1
  - しょうが（すりおろし・チューブ可）… 大さじ1
- 小麦粉（薄力粉）… 大さじ1½
- B
  - 酒 … 大さじ2
  - 鶏ガラスープの素 … 大さじ1
  - オイスターソース … 大さじ2
  - しょうゆ … 小さじ1
- 山椒（お好みで）… 適量
- 黒こしょう（お好みで）… 適量

作り方

1. ピーマンはへたと種を取り、たけのこの長さに揃えて細切りにする。
2. 火をつけずにフライパンに牛肉とAを入れ、木べらや菜箸などで全体になじむまで混ぜる。
3. **2に小麦粉をふり入れ、粉っぽさがなくなるまでまぶす【コツ1】。**
4. 全体になじんだら、中火～強火で熱し、牛肉をほぐしながら炒める。
5. 肉に火が通ったら、ピーマン、たけのこの順に加え、ピーマンの色が鮮やかになるまで軽く炒める。
6. Bを上から順に入れて炒め合わせ、お好みで山椒、黒こしょうをふり、火を止める。

コツ①
牛肉に小麦粉をまぶし終わり、全体にしっとりとなじむまでは火をつけない！

レシピ作者
ゆみすな77

1人当たり
277kcal

スタッフメモ　フライパンの中で牛肉に下味をつけるアイデアはとてもユニークです。

> **つくれぽ**
> ズボラと思えない素敵レシピ☆洗い物も少なく◎ご飯が進む味で美味♡

肉じゃが

[基本の肉じゃが] レシピID 2993700

材料 [2人分]

- 牛薄切り肉 … 100g
- じゃがいも … 3個
- 玉ねぎ … 1/2個
- にんじん … 1/2本
- サラダ油 … 大さじ1
- だし汁 … 2カップ
- 酒 … 大さじ3
- 砂糖 … 大さじ2
- みりん … 大さじ2
- しょうゆ … 大さじ3

作り方

1. 牛肉はひと口大に切る。じゃがいもは皮をむいて4つ割りにし、水にさらす。玉ねぎは薄切りにする。にんじんは乱切りにする。
2. 鍋にサラダ油を熱し、牛肉を入れてさっと炒める。肉の色が変わったら、玉ねぎ、水けをきったじゃがいも、にんじんを加え、軽く炒める。
3. 2にだし汁、酒、砂糖を加え、中火で3分煮る。みりん、しょうゆを加えてアクを取り、**落としぶたをして弱めの中火で20〜25分さらに煮る【コツ1】**。全体に汁けが少なくなってきたら、火を止める。

コツ1 くしゃくしゃにしたアルミホイルで落としぶたをすると、凸凹にアクがついてアク取りが簡単!

レシピ作者
あゆなな

1人当たり
583kcal

つくれぽ
こんなに牛肉の味をしっかり感じたのは初めてかも!美味しかった♪

スタッフメモ 幅広い世代に人気の味つけ。煮くずれしなくてホクホクの仕上がり!

牛肉のしぐれ煮

[牛肉とごぼうのしぐれ煮。]
レシピID 922094

材料 [作りやすい分量]

- 牛肉 … 200g
- ごぼう … 1本
- しょうが … 1かけ

煮汁
- 酒 … 130ml〜
- しょうゆ … 大さじ2〜
- みりん … 大さじ2〜
- 砂糖 … 小さじ2〜

水を使わずに酒で煮ると旨みが凝縮される。

作り方

1. 牛肉はひと口大に切り、さっと下ゆでする。ごぼうはささがきにし、しょうがはせん切りにする。
2. 鍋に煮汁の材料を入れて火にかける。ふつふつしてきたら、しょうがを加える。牛肉とごぼうを加え、中火で落としぶたをして煮込む。
3. 汁けがなくなってきたら、底からすくい上げながら混ぜ、汁けがなくなるまで煮からめる。

つくれぽ

牛肉買ったらだいたいこれ☆余りを次の日に卵とじして丼にしてます♪

レシピ作者
だんな様は料理人

全量で
1278kcal

スタッフメモ　お弁当にも便利なおかず。たくさん作ってストックしたいですね。

ステーキ

[元ハンバーグ職人直伝！牛ステーキの焼き方] レシピID 1578522

材料 [1枚分]
- 牛ステーキ用肉 … 1人前（200g前後）
- ハーブソルト（あれば）… 小さじ1
  （または塩 … 小さじ1弱）
- 粗びき黒こしょう（あれば）… 少々
- 牛脂（あれば）… 適量
- にんにく（お好みで）… 1かけ
- 赤ワイン（または白ワイン・あれば）… 大さじ2

作り方

1. 冷蔵庫に入れていた場合は、牛肉を20分ほど常温におく。
2. 盛りつける器は湯を沸かした鍋の上において温めておく。
3. にんにくは芯を取って約1mm厚さの薄切りにする。フライパンに牛脂（なければサラダ油）を入れて熱し、**牛脂が溶けてきたら、フライパンを濡れぶきんの上に置く【コツ1】**。
4. 3ににんにくを入れて弱火にかけ、途中返しながらじっくりと揚げ焼きにする（牛脂が足りない場合はサラダ油を足してもOK）。色よく揚がったら、キッチンペーパーに取り出す。
5. 1の牛肉は3〜5カ所くらい筋切りをする。キッチンペーパーで表面の水分を軽くふき、両面にハーブソルト（または塩）、粗びき黒こしょうをふる。
6. 4のフライパンから煙がもくもくと立つくらいまで強火で熱し、5を焼く。1〜2分焼いて、肉汁が浮いてきたら裏返し、赤ワインを加えてフランベする（やけどに注意）。
7. フランベの火が消えたら、焼き具合がレアの場合はすぐに取り出し、**切らずに2〜3分休ませる【コツ2】（ウエルダンの場合はフランベの火が消えたら、1分ほどフライパンの中において、同様に休ませる）**。
8. 2の器に食べやすい大きさに切った7を盛り、4をのせる。あればお好みで温めたミックスベジタブル適量（分量外）を添える。

コツ① フライパンを濡れぶきんの上において冷ますと、後から焼くにんにくが焦げにくくなる。

コツ② アルミホイルをかぶせて休ませると、おいしい肉汁が逃げない。

レシピ作者 しるびー1978

1枚当たり 634kcal

スタッフメモ この焼き方をマスターすれば、おうちでもレストランの味わいが楽しめますね。

> **つくれぽ**
> 休ませたらこんなに
> ジューシーになると
> は！必ずこの作り方
> にします！

ビーフシチュー

[赤ワインのみ☆絶品ビーフシチュー] レシピID 7002655

材料 [市販のルウ1箱分]

- 牛すね肉 … 500〜600g
- 玉ねぎ … 大2½個（600gくらい）
- 赤ワイン … 1ℓ
  （ルウの箱に記載の水と同量）
- ローリエ … 3〜4枚
- 生マッシュルーム
  （生でなくても）… 1パック
- お好みのビーフシチューのルウ
  （市販品）… 1箱
- つけ合わせ野菜
  - にんじん … 大1本
  - じゃがいも … 2個
  - ブロッコリー … 適量
- 生クリーム（あれば）… 少量

作り方

1. 玉ねぎ、石づきを取ったマッシュルームは薄切りにする。
2. フライパンに油少量（分量外）を熱し、牛肉はおおまかなかたまりのまま入れて焼きつけ、鍋に移す。ルウの箱に記載された量の赤ワインも加える。
3. 2のフライパンに油少量（分量外）を足し、玉ねぎをじっくり炒める（あめ色にならなくてもOK）。2の鍋にローリエとともに加えて強火で煮込み、アクをていねいに取る。
4. アクが出なくなったら、マッシュルームを入れてとろ火にし、**肉がやわらかくなるまで2時間30分〜3時間煮込む**。
5. じゃがいもとにんじんは食べやすい大きさに切り、ブロッコリーは小房に分け、600Wの電子レンジで加熱する（一緒に煮込む場合は、最後の30分くらいで加えるとよい）。
6. 4の鍋の底から牛肉を引き上げ、竹串などで刺してやわらかくなっていたら、**火を止め、ルウを溶かす**【コツ1】。
7. ルウが溶けたら、再びとろ火で5分ほど煮込んで火を止める。器に盛り、あれば生クリームをかけ、5の野菜を添える。

> 煮込んでいる間に水分がなくなったら、そのつど水や赤ワインを足して。

コツ①

ルウは必ず火を止めて入れる。肉が崩れるので、木べらなどでかき回さないで。

レシピ作者 ガセリさ

全量で 2091kcal

スタッフメモ 市販のルウにたっぷりの赤ワインで、極上の味わいを演出！

つくれぽ

口の中に赤ワインの香りが広がり大人味ですね☆旦那に大好評でした

ローストビーフ

「フライパン1つde簡単ローストビーフ」
レシピID 1145363

> **つくれぽ**
> 娘の初節句お祝いに初ローストビーフ。簡単美味しいレシピ感謝です♪

材料 [作りやすい分量]

- 牛かたまり肉 … 500g
- 塩、こしょう … 各適量
- にんにく … 1〜2かけ
- しょうが … 1〜2かけ

A
- 水 … 1カップ
- しょうゆ … 1/2カップ
- みりん … 1/4カップ
- 赤ワイン（または酒）… 1/4カップ

作り方

1. 牛肉は塩、こしょうをする。にんにく、しょうがは薄切りにする。
2. フライパンに薄く油（分量外）を引き、牛肉を入れて強火で全体に焼き色をつける。
3. 2ににんにく、しょうがを入れ、香りが出たらAを加え、ひと煮立ちしたら、火を止める。**ふたをして余熱で1時間ほどそのままおく。**
4. 3を食べやすく切って器に盛る。少し煮詰めて煮汁にとろみをつけてかけ、3のにんにくを飾る。あればお好みでレタスやパセリ各適量（各分量外）を添える。

> ふたがなければ、アルミホイルをかぶせてもOK。浅いフライパンはときどきひっくり返して。

レシピ作者 ■いちご

全量で 1230kcal

スタッフメモ 道具ひとつで作れて手間いらず。お料理上手だと間違いなく思われますね！

牛すじ大根

[牛すじ大根の我が家のどて焼き]

レシピID 7702599

> **つくれぽ**
> 土手焼き初めて♪
> 腕を上げたと錯覚
> ☆ 主人も脱帽

材料 [2〜3人分]

- 牛すじ肉 … 200g 程度
- 大根 … 1/2本くらい
- こんにゃく … 1枚
- しょうが … 1かけ

A
- だし汁 … 1½カップ
- 酒 … 大さじ2
- みそ … 大さじ3
- 砂糖 … 大さじ2
- みりん … 大さじ2
- しょうゆ … 大さじ1

作り方

1. 牛肉は下ゆでし、アク抜きをしてひと口大に切る。**こんにゃくも下ゆでし、手でひと口大にちぎる。** ● ─────── 手でちぎると味がよくしみ込む。
2. 大根は縦半分に切り、1〜2cm幅の半月切りにする。しょうがは薄切りにする。
3. 圧力鍋に1と2、Aをすべて入れ、加圧して20分煮込む。圧力が下がったら、ふたをあけ、中火で煮汁が半分以下になるまで煮込み、火を止める。
4. 器に3を盛り、小口切りにした長ねぎ適量(分量外)をのせる。

レシピ作者 **ゆたぽち**

1人当たり **197kcal**

スタッフメモ　トロトロに煮えたすじ肉は絶品！大根にも味がよくしみています。

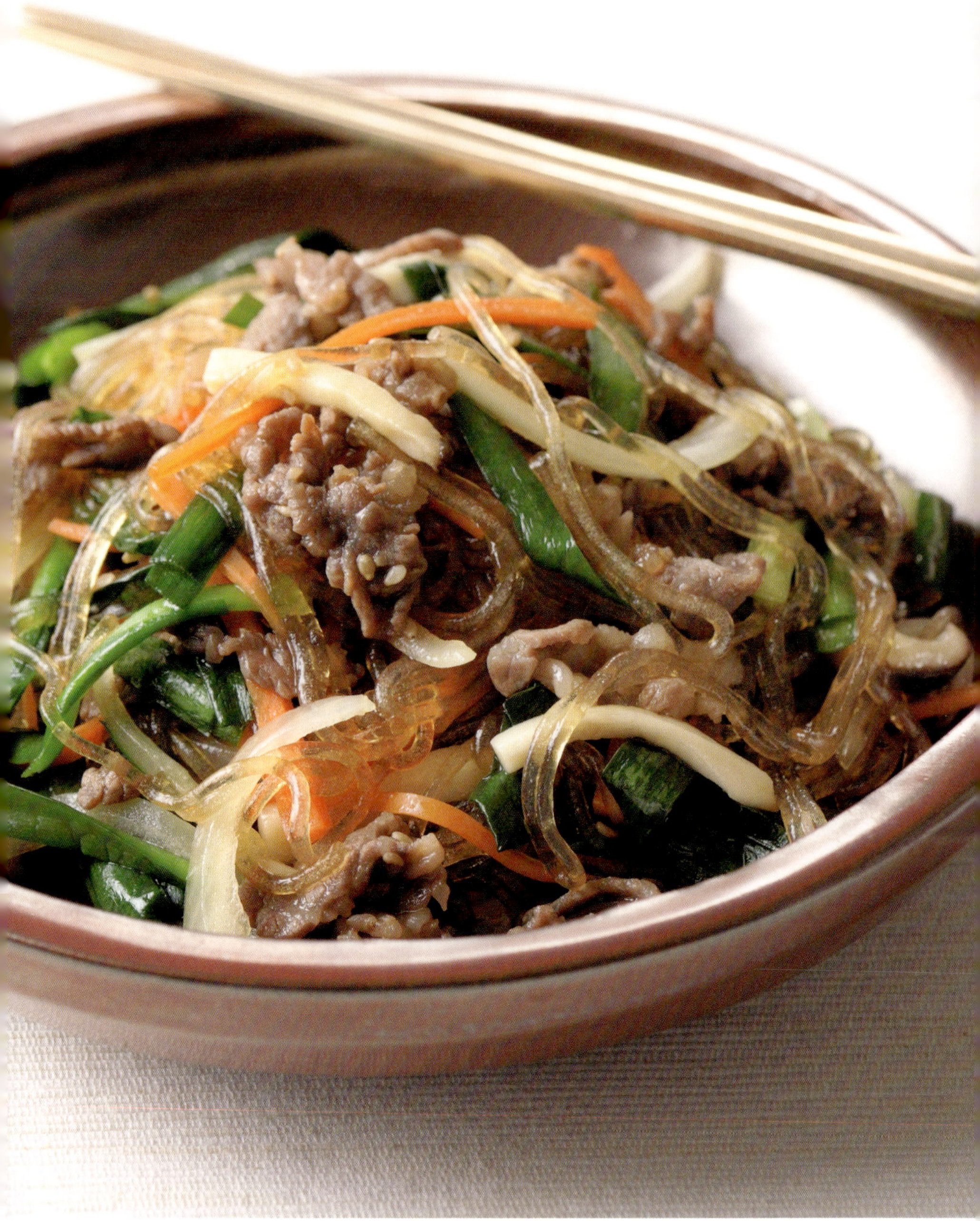

チャプチェ

[簡単なのに本格的♪チャプチェ]

レシピID 811157

レシピ作者　ぺくちん

1人当たり **248kcal**

> **つくれぽ**
> 味見が止まりませんでした(笑)3歳の娘も病み付きです！

材料 [4人分]

- 牛肉 … 100g
- A
  - しょうゆ … 大さじ1
  - 砂糖 … 小さじ2
  - にんにく（すりおろし）… 1かけ
  - ごま油 … 小さじ1
  - いりごま（白）… 小さじ1
- 韓国春雨（乾燥）… 100g
  （または糸こんにゃく … 200g）
- B
  - しょうゆ … 大さじ3
  - 砂糖 … 大さじ1
  - みりん … 大さじ2
  - 塩 … 少々
- エリンギ … 2本
- にら … 1把
- 玉ねぎ … 1/2個
- にんじん … 1/2本
- ごま油 … 各小さじ1
- 塩 … 各少々

作り方

1. 春雨は熱湯で5～6分ゆで、食べやすい長さに切る。牛肉は細切りにし、Aであえておく。
2. にら以外の野菜はせん切りにし、にらは食べやすい長さに切る。**フライパンにごま油を熱し、野菜をそれぞれ炒め、塩で調味をし**、ボウルに移す。　→絶対に一緒に炒めないこと。
3. 2のフライパンを再び熱して牛肉を炒め、色が変わって火が通ったら、2のボウルに入れる。
4. フライパンにBを入れて火にかけ、1の春雨を加えて汁けがなくなるまで炒りつける。3のボウルに加え、全体を混ぜる（糸こんにゃくの場合は、食べやすい長さに切り、3分下ゆでしたら、油を引かずに炒め、その後Bを加えて炒りつける）。

スタッフメモ　別々に炒めるひと手間がおいしさの秘訣なんですね！

その他の肉のおかず

「ハンバーグ」や「餃子」に、「もつ鍋」や「ハムカツ」など、ひき肉、肉加工品のおいしいレシピをご紹介。

煮込みハンバーグ

[みんな大好き！ふわふわ煮込みハンバーグ♪] レシピID 672721

レシピ作者　トイロイロ

1人当たり 294kcal

材料［3〜4人分］

ハンバーグのたね
　合いびき肉 … 250g
　玉ねぎ（みじん切り）… 3/4個
　A｜卵 … 1個
　　｜牛乳 … 80〜100ml
　　｜パン粉 … 1/2カップ
　ナツメグ（お好みで）… 適量
　塩、こしょう … 各少々
煮込みソース
　小麦粉 … 大さじ2
　水 … 1½カップ〜1¾カップ
　固形コンソメスープの素 … 1個
　ウスターソース … 大さじ3
　トマトケチャップ … 大さじ5
　バター … 大さじ1
玉ねぎ（繊維にそって薄切り）… 1/4個分
きのこ（しいたけ、えのきだけ、しめじなど）
　… お好みで適量

●下準備

フライパンにサラダ油適量（分量外）を熱してハンバーグだねの玉ねぎをきつね色になるまで炒めて冷ましておく。Aは合わせてパン粉をふやかしておく。

ケチャップ、3の肉汁を加えて煮立たせる。

7　3のハンバーグを戻し入れ、弱火〜中火で中まで火が通るように10〜15分煮る。

8　器に7を盛り、あればお好みでみじん切りのパセリ少々（分量外）をふる。あればお好みでゆで卵、プチトマト各適量（各分量外）を添える。

コツ①　木べらなどで常にかき混ぜながら、焦がさないように炒めて。

スタッフメモ　やわらかいたねなので、煮込んでも固くならずふわふわでした。

> **つくれぽ**
> 「ハンバーグ革命だ！」と主人が絶賛でした☆また作りたいです♪

作り方

1. ハンバーグだねを作る。ボウルに下準備したもの、ひき肉、ナツメグ、塩、こしょうを入れて練り混ぜる。このとき指だけを使って軽く混ぜながら均一なたねにする。
2. ラップを敷いたまな板に1を丸めておく手のひらで空気を抜きながら楕円形に成形し、中心をへこませる。
3. フライパンにサラダ油適量（分量外）を熱して、2の両面に焼き色をつけていったん取り出し、残った肉汁は取っておく。
4. 煮込みソースを作る。**フライパンに小麦粉を入れ、中火で黄金色になるまで炒り【コツ1】**、いったん取り出す。
5. 4のフライパンにバターを熱し、玉ねぎ、きのこをしんなりするまで炒め、4の小麦粉を戻し入れ、野菜全体にからめる。
6. 5に水を少しずつ加えて溶きのばし、砕いたコンソメ、ウスターソース、トマトケ

豆腐ハンバーグ

[秘密の豆腐ハンバーグ] レシピID 4232844

材料 [作りやすい分量]

- 合びき肉 … 300g
- 絹ごし豆腐 … 1丁（約300g）
- パン粉 … 1カップ
- 卵 … 1個
- 固形コンソメスープの素 … 1/2個
- 塩 … 小さじ1/4
- こしょう、ナツメグ … 各小さじ1/4
- 玉ねぎ … 中1/2個

A
- トマトケチャップ … 大さじ4
- 中濃ソース … 大さじ2
- 酒 … 大さじ3
- みりん … 小さじ2
- バター … 大さじ2弱

作り方

1. **ボウルに豆腐を入れて泡立て器でぐるぐる混ぜる。パン粉を加え、水分を吸わせるように混ぜ、十分ふやかしておく【コツ1】。**
2. 玉ねぎはみじん切りにする。
3. 1にひき肉、卵、塩、こしょう、ナツメグ、砕いたコンソメを加え、粘りが出るまでよく練り混ぜる。2も加えて混ぜる。
4. 3を大きめなら4〜6等分、小さめなら8〜10等分の小判型にまとめ、真ん中をへこませる。
5. フライパンに油適量（分量外）を強火で熱して4を入れ、焦げ目がつくまで焼き固めて裏返す。裏面にある程度や焼き色がついたら、水1/2カップ（分量外）を注ぎ入れ、ふたをして中火で蒸し焼きにする。水分がなくなったら、竹串を刺して透明な汁が出たら器に移す。
6. フライパンの汚れを軽くふき、Aを入れて軽く混ぜてから弱火にかける。軽く煮つめてからバターを加え、肉汁と混ぜながら溶かしてソースにし、火を止める。
7. 5のハンバーグに6をかけ、あればお好みで600Wの電子レンジで1分加熱したにんじんとかぼちゃ各適量（各分量外）、ちぎったレタス適量（分量外）を添える。

コツ1
豆腐は水きり不要！その代わりにペースト状にして、後から加えるパン粉に十分水分を吸わせ、粘りが出るまで混ぜて。

レシピ作者 ユミころ

全量で
1451kcal

スタッフメモ　見た目はいつものハンバーグなのに、ふわふわでヘルシーなのがうれしい！

> **つくれぽ**
> ふわふわ過ぎてびっくり!!美味しかったです*\(^o^)/*

鶏そぼろあんかけ

[♥とろ〜り優しい♥豆腐の鶏そぼろあんかけ] レシピID 1609847

材料 [2〜3人分]

- 鶏ひき肉 … 100g
- 絹ごし豆腐 … 1丁 (400g) ← 豆腐はのどごしがツルンとしている絹ごしがおすすめ。
- えのきだけ … 小1袋 (100g)
- ごま油 … 小さじ1
- A
  - 水 (または湯) … 1カップ
  - 鶏ガラスープの素 … 小さじ1
  - 砂糖 … 小さじ1
  - オイスターソース … 大さじ1/2
  - しょうゆ … 大さじ1
  - 酒 … 大さじ1
  - しょうが (すりおろし) … 小さじ1/2〜 ← しょうがの分量はお好みで。
- 水溶き片栗粉
  - 片栗粉 … 大さじ1
  - 水 … 大さじ1

作り方

1. えのきだけは根元を切り落とし、長さを半分に切る。
2. 豆腐は6等分にし、鍋に水とともに入れて火にかける。沸騰しない程度に3〜5分温め、火を止めてそのままおく(電子レンジで温める場合は、耐熱容器に入れてふんわりとラップをかけ、1分30秒様子を見ながら加熱する〈水分をきちんと取り除く〉)。
3. 別の鍋にごま油を熱し、ひき肉を入れてお玉などでほぐしながら炒める。
4. ひき肉がポロポロになったら、Aを加えてさらに1も加えて2〜3分煮る。水溶き片栗粉を加えてとろみをつける。
5. 穴あきお玉で2をすくって器に盛り、4をかける。あればお好みで小口切りの万能ねぎ適量(分量外)をのせる。

レシピ作者
komomoもも

1人当たり
179kcal

スタッフメモ　ヘルシーなのにボリュームがあり、満足度の高いおかずです！

> **つくれぽ**
> 優しいほっとする味♬ダイエットが必要な私にはもってこいのメニュー

メンチカツ

[定番★お肉屋さんのメンチカツ] レシピID 339330

材料［4人分・8個分］

- 豚ひき肉 … 250g
- 玉ねぎ … 小1½個（250g）
- A
  - 卵 … 1個
  - 塩 … 小さじ1½
  - こしょう … 少々
  - ナツメグ … 少々
  - トマトケチャップ … 大さじ1
  - しょうゆ … 大さじ1
  - ウスターソース … 大さじ1½
- パン粉 … ひとつかみ（約12g）
- 衣
  - 薄力粉 … 1/2カップ
  - 卵 … 1個
  - パン粉 … 1カップ〜
- 揚げ油 … 適量
- キャベツ（太めのせん切り）… 6枚くらい

作り方

1. 玉ねぎはみじん切りにする。
2. ボウルにひき肉、1、Aを入れてこね、パン粉を軽くひとつかみ加えて固さを調整し、8等分にして小判型に形を整える。
3. 衣をつける。材料の卵に薄力粉大さじ1と水大さじ1（分量外）を加えてよく混ぜ、卵液を作る。2に残りの薄力粉、卵液、パン粉を順につける【コツ1】。
4. 揚げ油を低温に熱し、3をじっくりと揚げる。真ん中がふくらんで、菜箸で押したとき硬くなっていたら揚げあがり。
5. 器に4を盛り、キャベツ、あればせん切りのにんじん少々（分量外）を合わせて添える。お好みのソース適量（分量外）をかけて食べる。

> たねはかなりやわらかいので揚げる直前に作るのがおすすめ！

コツ①

揚げたときの割れを防ぐために薄力粉をたっぷりとまぶして。

レシピ作者　海砂

1人当たり **432kcal**

スタッフメモ 肉汁がたっぷりでほっぺが落ちそう！じっくり揚げているので玉ねぎも甘い。

> **つくれぽ**
> 無性に食べたくてつくりました、さくさくで美味しかったよ！

鶏つくね

[つくねの甘辛照焼き] レシピID 250986

材料 [12個分]

鶏ひき肉 … 300g
長ねぎ … 1/2本
卵 … 1個
パン粉 … 大さじ4
酒 … 大さじ1
砂糖 … 大さじ1/2
みりん … 大さじ4
しょうゆ … 大さじ2

> 鶏ひき肉200g+軽く水きりした豆腐100gにしてもおいしい！

作り方

1. 長ねぎはみじん切りにする。
2. ボウルにひき肉、1、卵の卵白、パン粉、塩小さじ1/4（分量外）、こしょう適量（分量外）を入れ、粘りが出るまでよく混ぜる。**12等分に丸める【コツ1】**。
3. フライパンに油適量（分量外）を熱し、2を並べて両面に焼き色をつける。
4. 3に酒を入れ、続けて砂糖、みりん、しょうゆを加え、つくねの上下を返しながら煮つめてからめる。
5. お好みで器に青じそ1枚（分量外）を敷いて4を盛り、同じくお好みで卵黄1個（分量外）をつけながら食べる。

コツ①

つくねは手を軽く水でぬらしてから形を整えると丸めやすい。

レシピ作者
せつぶんひじき

1個当たり
72kcal

つくれぽ

つくねはめんどくさそうと思ってたら簡単だった。美味！また作ります

スタッフメモ　このてりてり感は格別！卵黄をからめるとよりおいしさがアップ。

餃子

[キャベツ派うちんちの 週1餃子] レシピID 286584

材料 [32枚入り4袋分]

- 豚ひき肉 … 250g
- 青ねぎ … 1束（約150g）
- にら … 2束（約250g）
- キャベツ … 1/6〜1/4個（約400〜500g）
- A
  - しょうゆ … 大さじ3
  - ごま油 … 大さじ3
  - 酒 … 大さじ3
  - こしょう … 少々
  - しょうが（すりおろし）… 1かけ
- 片栗粉 … 大さじ4
- 餃子の皮（市販品）… 128枚

作り方

1. 青ねぎ、にらは小口切り、**キャベツはみじん切りにする**。
2. ボウルにひき肉、Aを入れて練りこむ。さらに青ねぎ、にらを加えて練り混ぜる。
3. 2にキャベツを入れて**片栗粉もふり入れ、よく混ぜる【コツ1】**。
4. 餃子の皮に3を等分ずつのせ、片ひだ包みで成型する。このとき、トレーに並べるとひっつきにくく、はずしやすい。
5. 餃子鍋（フライパンでもOK）を熱して油適量（分量外）を引き、餃子のひだのないお尻のほうを下にして並べる。水溶き小麦粉適量（分量外）を注ぎ、蓋をして焼く。
6. 器に5を盛り、お好みで酢じょうゆ＋ラー油適量（分量外）をつけて食べる。

キャベツはゆでたり、塩もみは不要！

コツ1

片栗粉を加えると調味料や野菜の水分を封じ込めてくれるので、焼いたときに皮ににじまない。

つくれぽ

下準備が楽でおいしくて言う事なし＾＾
さっぱり味で子供に大人気♪

レシピ作者
おから星人

1個当たり
28kcal

スタッフメモ　野菜たっぷりの餃子なので、いくつでも食べられます。大量に作っても安心ですよ。

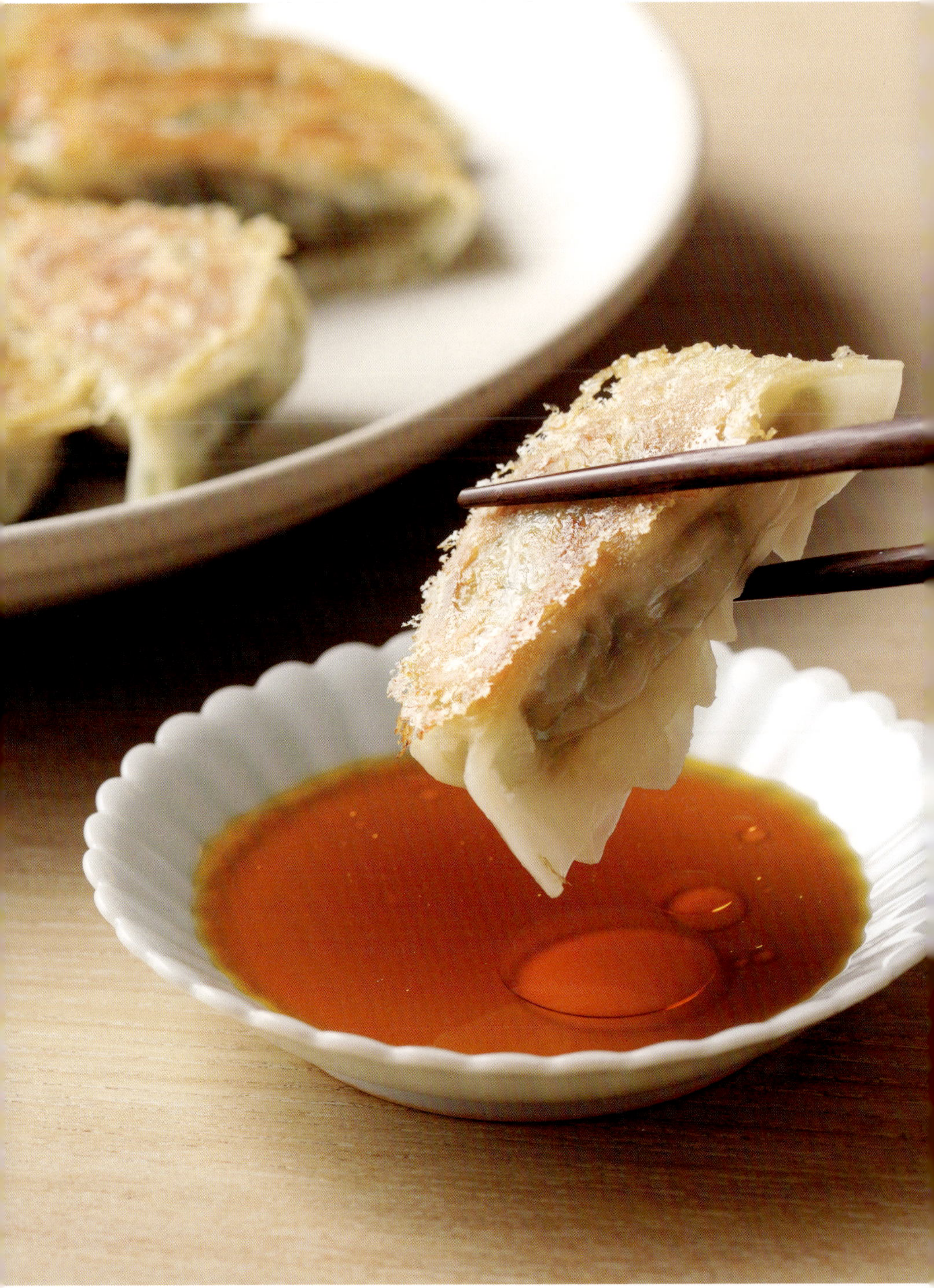

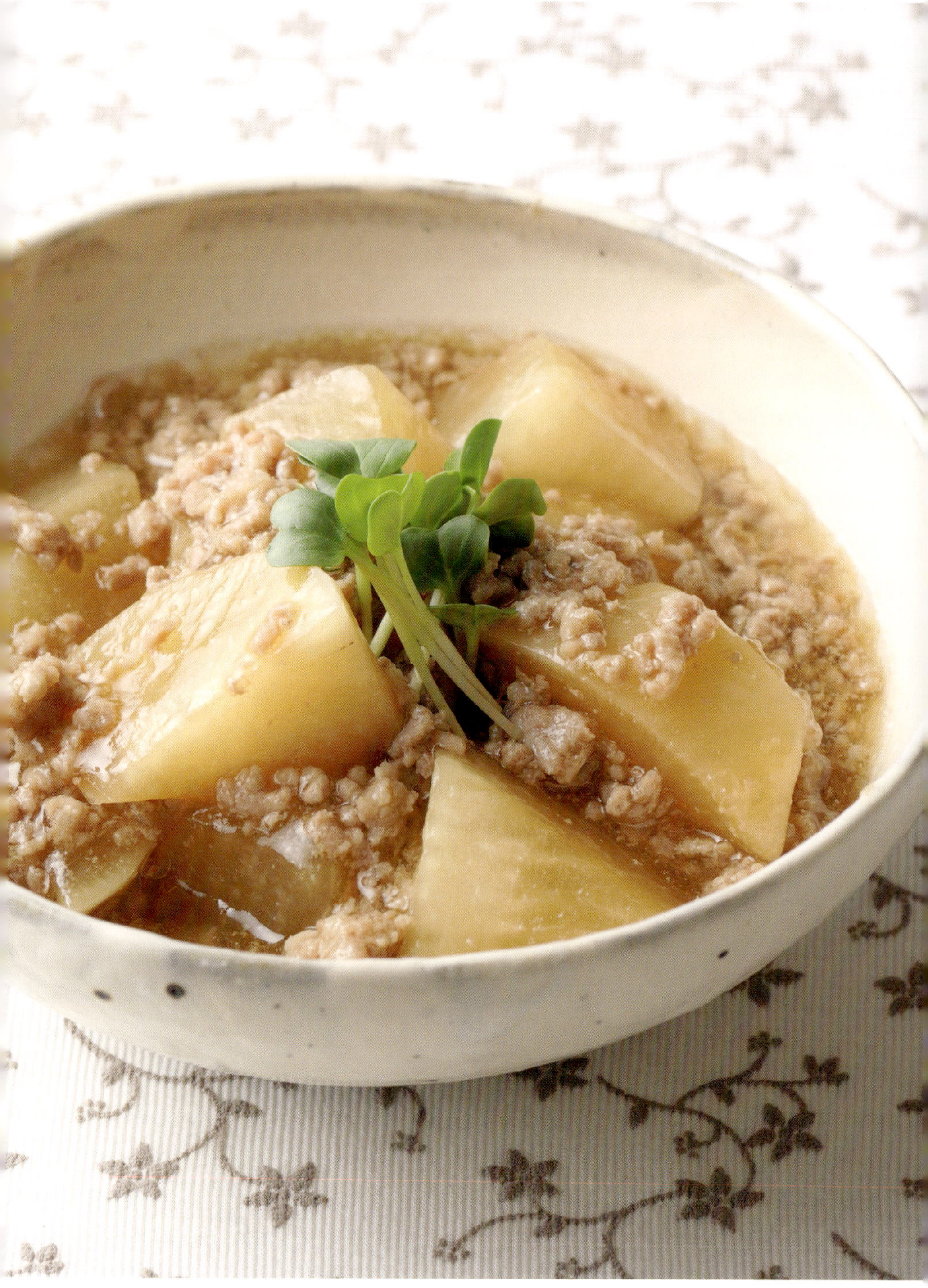

ひき肉と大根の煮もの

[大根とひき肉で♪簡単とろ～り煮物]　レシピID 1253045

> **つくれぽ**
> ひき肉たっぷりです！生姜がめっちゃいい感じ！美味しかった～♪

材料 [5人分]

- 豚ひき肉 … 150～200g
- 大根 … 15cmくらい
- A
  - 砂糖 … 大さじ1½
  - みりん … 大さじ2
  - しょうゆ … 大さじ2
  - 酒 … 大さじ2
  - だし汁（または水＋顆粒和風だし小さじ1）… 1カップ
- しょうが（すりおろし）… 1かけ
- 水溶き片栗粉
  - 片栗粉 … 大さじ1
  - 水 … 大さじ1

作り方

1. 大根は食べやすい大きさに切る【コツ1】。
2. 鍋にAと1、ひき肉、しょうがを入れてひと混ぜして火にかける。落としぶたをして中火で煮込み、途中でアクを取る。
3. 火加減を弱めの中火にしてさらに20分ほど煮込み、煮汁が少なくなってきたら**水溶き片栗粉を加えてとろみをつける**。火を止めてそのまましばらくおいて味を含ませる。
4. 器に3を盛り、あればお好みで根元を切り落とした貝割れ菜適量（分量外）を飾る。

水溶き片栗粉を全部入れずに水分の蒸発具合を見て調整を。

コツ1

大根はひと口大の乱切りにすると、味がしみ込みやすい。

レシピ作者 きちりーもんじゃ

1人当たり **128kcal**

スタッフメモ　やさしい味つけが、大根にしっかりしみて美味。

シュウマイ

[♪フライパンで☆簡単☆シュウマイ♪] レシピID 934116

材料 [20個分]

豚ひき肉 … 200g
玉ねぎ … 大1/2個
片栗粉 … 大さじ3
シュウマイの皮 … 20枚
A｜砂糖 … 大さじ2
　｜しょうゆ … 大さじ2
　｜ごま油 … 大さじ1
　｜鶏ガラスープの素 … 小さじ1
　｜しょうが（すりおろし）… 少々
グリンピース … 20粒
サラダ油 … 大さじ1
水 … 1/2カップ

作り方

1. 玉ねぎはみじん切りにし、片栗粉をまぶす。**シュウマイの皮は角を5㎜角に切り落とす。**
2. ボウルにひき肉、Aを入れてよく混ぜ、玉ねぎを加えてさらに混ぜる。皮で包み、グリンピースを軽く埋め込むようにのせる。
3. フライパンにサラダ油をまんべんなく引き、2を並べて火にかける。水を加え、沸騰したらすぐにふたをし、**中火で10分ほど蒸し焼きにする。**
4. 水分がなくなって底がカリッとしたら火を止める。

> 包みやすくするためなのでこの工程は省いてもOK!

> 蒸し時間は目安なので様子を見ながら加減して。

つくれぽ
カリッとジューシーで美味しかったです。新しい焼売の味ですね。

レシピ作者
矢切のねぎちゃん

1個当たり
54kcal

スタッフメモ　たれいらずな上、フライパンでも手軽にできるので、手作りシュウマイにはまりそうです。

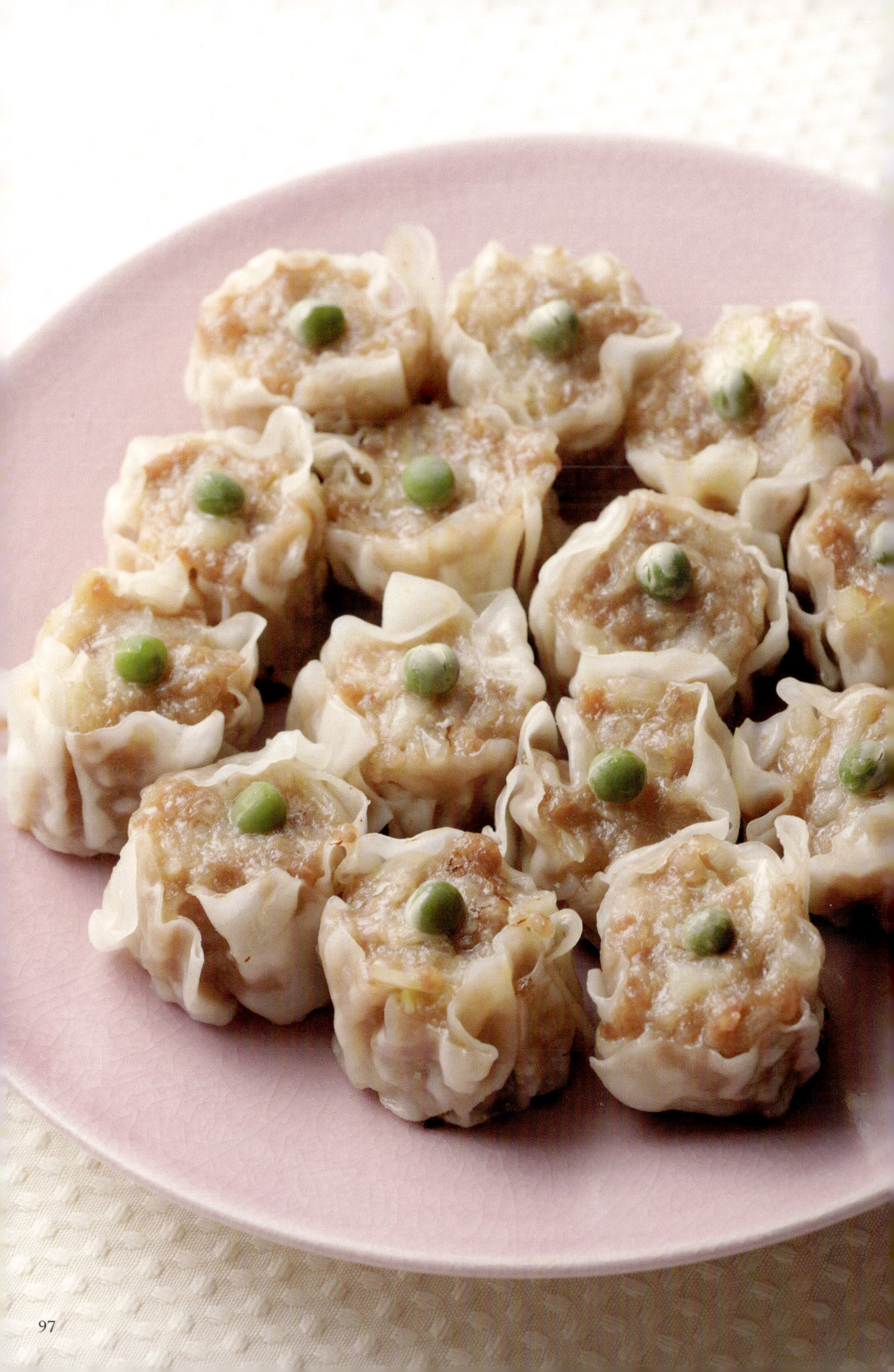

ひき肉とピーマンの春雨炒め

[ピーマン春雨] レシピID 275697

材料［2人分］
- 合いびき肉 … 80g
- ピーマン … 3個
- 緑豆春雨（乾燥） … 40g
- 赤唐辛子 … 1本
- サラダ油（またはごま油） … 小さじ1
- しょうゆ … 大さじ1½
- 酒 … 大さじ1

つくれぽ
春雨がブヨブヨにならないのが嬉しいネ。さっと一品 (´∀`)♪

作り方
1. ピーマンはへたと種を取り、太めのせん切りにする。緑豆春雨は固めに戻し、食べやすい長さに切る。赤唐辛子は種を除いて小口切りにする。
2. フライパンにサラダ油を熱して赤唐辛子、ひき肉を炒める。続いてピーマンを加えて炒め合わせる。
3. **緑豆春雨を加えてざっと炒め**、しょうゆ、酒を加えてあおりながら炒め合わせる。

炒めすぎるとパサパサした食感になるので注意！

レシピ作者 スノウ

1人当たり **193kcal**

スタッフメモ　あともう1品ほしいときにぴったり！肉感もしっかり味わえます。

ハムカツ

[☆簡単!旨い!ハムカツ☆]

レシピID 639376

つくれぽ
リピ。こちらのレシピに出会い、卵無しで作れるので重宝しています♪

材料 [作りやすい分量]
- ハム … 5～6枚
- A | 小麦粉 … 30g
  | 水 … 40㎖
- パン粉 … 適量
- サラダ油 … 適量
- ソース … 適量

作り方
1. **Aはバットや皿などに混ぜて水溶き小麦粉を作る【コツ1】**。パン粉も用意する。
2. ハムに水溶き小麦粉をつけ、パン粉を押しつけるようにしてしっかりとまぶす。
3. サラダ油を中温に熱し、2を入れて全体がこんがりとするまで揚げる。半分に切って器に盛り、お好みでソースをかける。あればパセリ適量(分量外)を添える。

衣に卵を使うと余るので固めの水溶き小麦粉で代用。

レシピ作者 ぱんこ625

1枚当たり 82kcal

コツ① 卵を使わない代わりに、ドロドロした状態の固めの水溶き小麦粉を用意する。

スタッフメモ　サクサクの衣でなつかしい味わい！水溶き小麦粉のアイデアが新鮮！

もつ鍋

[美味しいもつ鍋☆博多の名物] レシピID 456172

材料 [2～3人分]

- モツ … 300～400g
- キャベツ … 1/2個
- にら … 1束
- ごぼう … 1本
- 絹ごし豆腐 … 1/2丁
- こんにゃく … 200gくらい
- 鶏がらスープ
  （または顆粒中華だしで作ったスープ）… 2½カップ
- だし汁 … 1½カップ
- にんにく … 大3かけ～
- A しょうゆ … 1/4カップ
  みりん … 大さじ2
  すりごま（白）… 大さじ2～
  白みそ（または合わせみそ）… 50g
- 赤唐辛子 … お好みで
- ちゃんぽん麺 … お好みで
- ご飯 … お好みで

作り方

1. 余裕がある場合は鶏がらスープ（レシピID 454431）をとる。
2. キャベツは手でちぎる。にらは4等分に切る。豆腐は食べやすい大きさに切る。ごぼうはせん切りにする。にんにくは薄切りにする。
3. こんにゃくは4～5mmの薄切りにし、下ゆでしておく。
4. 別の容器にAを合わせる。みそベースの場合はみそを加えて味を見ながらしょうゆを足す（しょうゆベースは味を見てみそを入れずにしょうゆと塩小さじ1/2〈各分量外〉を加える）。
5. モツは沸騰した湯に入れて再び沸騰するまで軽く火を通す。ざるにあげて流水にあててアクを洗い流す【コツ1】。
6. 鍋にだし汁、鶏がらスープ、にんにく、5を入れて5分ほど煮込み、いったん火を止める。4のたれを少しずつ加えて味をととのえ、少し濃いめにする。
7. 6にごぼう、モツ、こんにゃく、豆腐、キャベツ、にらの順に重ねて煮込み、お好みで赤唐辛子を入れる。
8. シメはちゃんぽん麺を入れるか、ごはんを入れて雑炊（卵と万能ねぎ各適量〈各分量外〉）にする。

コツ①

洗いすぎるとモツの旨みの脂がなくなってしまうので軽くでOK!

レシピ作者
じろじろ

1人当たり
515kcal

スタッフメモ　モツのおいしい脂とたっぷりの野菜を楽しめる絶品鍋！お肌がぷるぷるになりそう。

つくれぽ
博多本場で食べた感動がよみがえりました~(*^^*)〆は麺で!

レバニラ炒め

レシピID 236222

材料［3人分］

- 鶏レバー … 200g
- にら … 1把
- もやし … 1袋
- A | 酒 … 大さじ1
  | しょうゆ … 大さじ1/2
  | しょうが（チューブ可）… 1かけ
- 片栗粉 … 適量
- 豆板醤 … 小さじ1
- オイスターソース … 大さじ2

作り方

1. 鶏レバーは食べやすく切ってボウルに入れ、**塩小さじ1（分量外）をもみこみ、やさしく水で洗う。かぶるくらいの水に入れ、血抜きする【コツ1】**。
2. 1の水けをよくきり、Aのしょうがをすりおろしてまぜ合わせたものに15分浸しておく。
3. にらは5cm長さに切り、もやしは洗ってざるにあげる。
4. 2の水けをキッチンペーパーでふき、片栗粉をまぶす。
5. フライパンに多めのサラダ油（分量外）を中火で熱し、4をこんがりと揚げ焼きにしていったん取り出す。
6. 5のフライパンに豆板醤を加えて軽く炒め、もやしを加えて強火で炒める。さらに5の鶏レバー、にらを加えて炒め合わせ、オイスターソースと、塩、こしょう各少々（各分量外）で調味する。

レシピ作者
せつぶんひじき

1人当たり
138kcal

コツ1

鶏レバーはやわらかいので、下処理はやさしく行う。

つくれぽ

お店のみたいって言われました♡あっという間にペロリ(^_^)v

スタッフメモ しょうが入りの下味に漬けることで特有の臭みがなくなり、ますますおいしい。

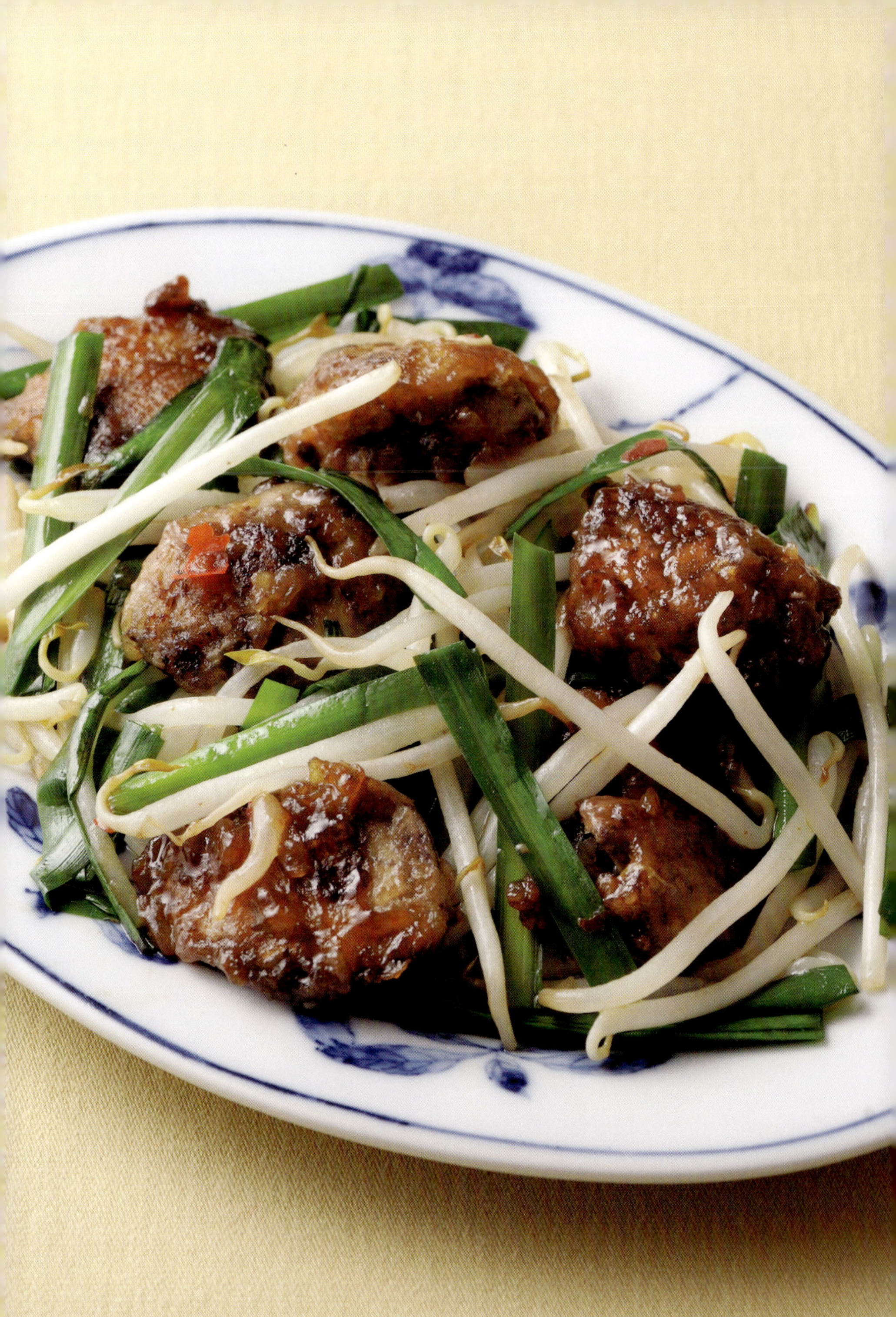

ウインナーとポテトの炒め

[旨うま♡コンソメポテト☆ウインナー炒め☆]
レシピID 1251631

材料 [4人分]
- ウインナー … 8本
- じゃがいも … 3個
- バター … 10g
- サラダ油 … 大さじ1
- 塩 … 適量
- 顆粒コンソメスープの素 … 適量
- 黒こしょう … 適量

作り方
1. ウインナーはひと口大に切る。じゃがいもはよく洗い、皮ごとひと口大に切る。
2. **耐熱皿にじゃがいもをのせてラップをかけ、600Wの電子レンジで5分加熱する**【コツ1】。
3. フライパンにサラダ油、バターを入れて熱し、ウインナー、じゃがいもの順に炒める。塩、コンソメ、黒こしょうで調味し、カリカリになるまで炒める。

コツ1
じゃがいもはレンジ加熱してから炒めると、フライドポテトのようにカリッとした食感に。

つくれぽ
すごい時短♪今日は、これに助けられ感謝♪美味しい上、腹持ち良し♡

レシピ作者
ぱんだーけいちゃん

1人当たり
213kcal

スタッフメモ　じゃがいものカリカリの食感はクセになりそう！ビールとの相性も◎。

生ハムのアンティパスト

[ゆで卵を生ハムで♡アンティパスト]

レシピID 1719267

つくれぽ
ガーリックマヨが簡単で美味しい！お客様に喜ばれました♪ご馳走様♡

材料 [作りやすい分量]

生ハム … 8枚
卵 … 2個
A
| マヨネーズ … 大さじ1/2
| 粒マスタード … 小さじ1/4
| ハーブソルト … 少々
| 黒こしょう … 少々
| ガーリックパウダー … ひと振り

ディル（あれば）… 少量
プチトマト … 2個
エクストラバージンオリーブオイル … 少々

作り方

1. ゆで卵を作る。鍋に水を入れて中火〜強火で卵をゆで始める。沸騰したら強めの弱火にし、7〜8分したら冷水に取り、しっかり冷ます。
2. Aは混ぜておく。あればディルを刻んで一緒に混ぜる。
3. 1のゆで卵が冷めたら、流水にあてながら殻をむき、縦4等分に切る。それぞれの黄身の上に2を少量ずつのせて生ハムで巻く。プチトマトはへたを取ってくし切りにする。
4. 器に3を盛り合わせ、エクストラバージンオリーブオイルを回しかける。お好みで黒こしょう適量（分量外）をふり、ディルを飾る。

レシピ作者
るるおか

全量で
207kcal

スタッフメモ　生ハムで巻くだけでなく、中にマヨソースをしのばせているのがオシャレ！

ごはん・めん

「親子丼」や「牛丼」から「ミートソース」や「ドリア」まで、ひと皿で満足できるごはん&めんレシピを編集部でセレクトしました。

親子丼

[親子丼]
レシピID389822

材料 [作りやすい分量]

- 鶏もも肉（またはささみ）… 1/2枚
- 卵 … 3〜4個
- 玉ねぎ … 1/2個
- みりん … 1/2カップ
- 砂糖 … 大さじ1/2〜大さじ1
- しょうゆ … 1/4カップ
- だし汁（水＋顆粒和風だし）… 1/4カップ

作り方

1. 鶏肉と玉ねぎは食べやすい大きさに切る。
2. 鍋にみりんを入れて火にかけ、煮きれたら砂糖、しょうゆ、だし汁を加える。**ひと煮立ちしたら、1を加えて中火〜弱火で鶏肉に火を通す。**
3. **卵を割りほぐして火を強めてから加え、半熟状になったら火を止める【コツ1】**。
4. 丼に温かいご飯適量（分量外）をよそい、3をかける。あればお好みで小口切りの万能ねぎ適量（分量外）をのせる。

> ここであまり煮立たせると味が濃くなりすぎるので注意。

コツ 1
卵を加えたら混ぜずに半熟状になるまで待つこと。

レシピ作者
ぷりマン

全量で
899kcal

スタッフメモ 味つけがしっかりしていて白いご飯にすごく合います。

> **つくれぽ**
> 親子丼と言えばこれ！子供達のお気に入りです！簡単で美味くて助かる

つくれぽ
甘辛で美味しかったです！忙しい時にもすぐ出来て良いですね～

こってり甘旨っ！◆豚丼◆
レシピID 1134767

材料 [3～4人分]
- 豚こま切れ肉（または豚しゃぶしゃぶ用肉）… 300g
- レタス（またはキャベツ）… 4～5枚
- 玉ねぎ … 中1/2個
- 砂糖 … 大さじ2
- 酒 … 大さじ2
- しょうゆ … 大さじ3

作り方
1. レタスは1.5cm太さに切り、冷蔵庫で冷やしてパリッとさせておく（キャベツの場合はせん切りにする）。玉ねぎは粗みじん切りにする。
2. フライパンに少量の油（分量外）を中火で熱し、豚肉を炒めていったん取り出す。
3. 2のフライパンに玉ねぎを加えてきつね色になるまで炒め、いったん火を止める。砂糖、酒、しょうゆを加えて再び火にかけ、2の豚肉も加え、中火でたれを肉によくからめる。
4. 丼に温かいご飯適量（分量外）をよそい、レタスを敷いて3をのせ、残ったたれもかける。あればお好みで小口切りの万能ねぎ適量（分量外）をのせる。

> 次にで玉ねぎを炒めるのでフライパンは洗わなくてOK。

レシピ作者 komomoもも

1人当たり **219kcal**

スタッフメモ　パパッとできてお昼ごはんにも最適！しかも野菜もとれるのでヘルシー。

牛丼

[お肉ふっくら柔らか◆牛丼◆]
レシピID 1356695

> **つくれぽ**
> 煮込み時間が短いのに味が染み染みでした♡ごちそうさまでした♡♡

材料 [3〜4人分]
- 牛薄切り肉 … 300g
- 玉ねぎ … 1個
- 砂糖 … 大さじ2
- A
  - しょうゆ … 大さじ3
  - 酒 … 大さじ3
  - みりん … 大さじ3
  - しょうが（すりおろし・お好みで）… 小さじ1
- だし汁 … 1カップ

作り方
1. 玉ねぎは5mm厚さのくし形切りにする。
2. 鍋に少量の油（分量外）を熱し、牛肉を炒める。少し赤みが残るくらいなったら、砂糖を加え、全体にからめながら30秒ほど炒める。
3. 2に1を加えてさらに30秒ほど炒め、Aを加えて全体にからませる。だし汁も加えて5分ほど煮込んで火を止める（少し時間をおくとさらに味がしみて美味）。
4. 丼に温かいご飯適量（分量外）をよそい、3をかける。あればお好みで紅しょうが適量（分量外）を添える。

途中でアクが出てきたら取る。

レシピ作者 komomoもも

1人当たり **482kcal**

スタッフメモ　牛肉がやわらかく煮えていて美味。先に砂糖を入れるのがポイントなんですね！

チキンドリア

[簡単手作りホワイトソースdeチキンドリア] レシピID 668909

材料 [2人分・20cmのグラタン皿2個使用の場合]

チキンライス
- 鶏もも肉 … 約200g
- 玉ねぎ … 小1個
- マッシュルーム缶（お好みで）… 小1缶
- ご飯 … 適量
- トマトケチャップ … 適量
- 塩、こしょう … 各少々

バター（グラタン皿用）… 適量

ホワイトソース
- バター … 30g
- 薄力粉 … 大さじ3
- 牛乳 … 2カップ
- 顆粒コンソメスープの素 … 小さじ1

とろけるチーズ … 適量

作り方

1. チキンライスを作る。玉ねぎは1cm角のみじん切りにする。鶏肉はひと口大に切り、塩、こしょうをする。
2. フライパンに油適量（分量外）を熱し、鶏肉、玉ねぎ、お好みでマッシュルームの順に炒める。鶏肉に火が通ったら、ご飯を加え、トマトケチャップで調味する。
3. グラタン皿にバターをぬり、2を盛る。
4. ホワイトソースを作る。厚手の鍋を弱火で温め、バターを溶かす。
5. バターが溶けてきたら、**薄力粉を加え、ゴムべらで手早く混ぜる【コツ1】**。
6. **粉っぽさがなくなり、全体に混ざったら、中火で牛乳を数回に分けて加え、そのつどよく混ぜる。最後にコンソメを加えて混ぜる。** お好みの濃度になるまでよく混ぜ続けて。
7. 3に6をかけ、さらにとろけるチーズをたっぷりとのせる。オーブントースターまたはオーブンで、チーズが溶けてこんがりと焼き色がつくまで10分ほど焼く。あればお好みでみじん切りのパセリ適量（分量外）をふる。

コツ 1

ダマの部分が残らないようにつぶす感じで手早く混ぜる。

レシピ作者 **Banyangarden**

1人当たり **823kcal**

スタッフメモ　ホワイトソースとチキンライスの黄金コンビは最強！

つくれぽ

とてもおいしく出来るのでグラタン皿も購入♪大活躍しそうです!

ミートソース

[極ウマ♡ナスとひき肉のボロネーゼ風パスタ]

レシピID 1069312

レシピ作者
なないく

1人当たり
552kcal

材料 [1人分]

- 豚ひき肉（または合いびき肉） … 50g
- パスタ … 80g
- なす … 1本
- にんにく … 1かけ
- 塩 … 適量
- 黒こしょう … 適量
- トマトケチャップ … 大さじ2
- ウスターソース … 大さじ1
- **顆粒コンソメスープの素 … 小さじ1/2**
- パルメザンチーズ … たっぷり

> 固形コンソメなら1/4個。包丁で細かく砕いて使用。

つくれぽ
美味しい！不動の1位の訳が分かりました♡♡リピ決定っ！

作り方

1. パスタをゆで始める。にんにくはみじん切り、なすはへたを取って洗い、小さめのひと口大に切る。
2. **フライパンを熱して温まったら、ひき肉を入れて炒める【コツ1】。** 色が変わったら、にんにくを入れて炒め、香りが出たらなすも加える。
3. 全体を混ぜながら炒め、なすがしんなりしてきたら、塩、黒こしょうをし、トマトケチャップ、ウスターソース、コンソメの順に加えて混ぜる。
4. 3にゆであがって水けをきったパスタを加え、全体にからまるようにまぜて器に盛る。パルメザンチーズをかける。

コツ①
ひき肉から出る脂で炒めるのでオイルは使わない。

スタッフメモ　トマト缶を使わずにトマトケチャップで作れるのが手軽で忙しい主婦にぴったり。

キーマカレー
[我が家のキーマカレー〈ひき肉カレー〉♡] レシピID 1380278

材料 [2～3人分]
- お好みのひき肉（今回は豚ひき肉）… 200g
- 玉ねぎ … 1個
- にんじん … 1/2本
- エリンギ（お好みで）… 2本
- にんにく … 1～2かけ
- カレー粉 … 大さじ1
- カレールウ … 2ブロック
- A
  - トマトケチャップ … 大さじ2
  - 牛乳 … 大さじ2
  - 固形コンソメスープの素 … 1個
  - 水 … 1½カップ
- サラダ油 … 大さじ2

作り方
1. 玉ねぎ、にんじん、エリンギはみじん切りにする。にんにくはできるだけ細かなみじん切りにする。
2. **鍋またはフライパンにサラダ油、にんにくを入れて熱し、香りが出たら【コツ1】**、玉ねぎを入れてよく炒める。
3. 玉ねぎがしんなりして透き通ってきたら、にんじんとエリンギを加えて炒め合わせる。
4. ある程度全体に火が通ったら、ひき肉を入れてよく炒める。肉の色が変わったら、カレー粉も加えて全体になじむように炒める。
5. 4にAを入れて10～15分煮て、カレールウも溶かし入れて火を止める（水かルウを足してお好みの味になるように水分を調節する）。
6. 器に温かいご飯適量（分量外）を盛り、5をかける。あればお好みでイタリアンパセリ、プチトマト各適量（各分量外）を飾る。

コツ1
にんにくは焦がさないように火加減に注意。

レシピ作者 ぱりぱりいちご

1人当たり **303kcal**

スタッフメモ　辛すぎないのでお子さまにもおすすめ。あっさりしているのでいっぱい食べちゃいました。

> **つくれぽ**
> 激ウマです！野菜嫌いな息子も完食でした♥感謝♥

タコライス

● 沖縄料理 ● あるもので簡単タコライス

レシピID 315454

材料［2〜3人分］

- 合いびき肉 … 200g
- にんにく … 1かけ
- 玉ねぎ … 1/2個
- にんじん（あれば）… 4cm
- 塩、こしょう … 各少々
- A
  - トマトケチャップ … 大さじ2
  - ソース … 大さじ1
  - 砂糖 … 小さじ1/2
  - しょうゆ … 大さじ1/2
  - チリパウダー（あれば）… 少々
- トマト … 1個
- レタス … 適量
- チーズ … 適量
- サルサソース、タバスコ、スイートチリソースなど（お好みで）… 好きなだけ

作り方

1. にんにく、玉ねぎはみじん切りにする。あればにんじんもみじん切りにする。レタスは太めのせん切り、トマトはへたを取ってざく切りにする。
2. フライパンにサラダ油適量（分量外）を熱し、にんにくを焦がさないように炒める。香りが出たら、玉ねぎ、にんじんを加えて炒め合わせる。
3. **2にひき肉を加えて炒め【コツ1】**、味見をしながら塩、こしょうをする。Aを加えて汁けがなくなるまで炒める。
4. 器に熱々のご飯適量（分量外）を盛り、レタス、3、トマトの順にのせる。チーズを散らし、お好みでサルサソース、タバスコ、辛いのが苦手な人はスイートチリソースなどをかける。

コツ① ひき肉から出る大量の脂はキッチンペーパーでふき取る。

レシピ作者 ちさぷー

1人当たり **208kcal**

> **つくれぽ**
> 沖縄の有名店で食べたのにひけをとらない味！絶対リピします＾＾

スタッフメモ 野菜もたっぷりとれる栄養満点メニュー。特別な材料を使わずにパパッと作れてるのが◎。

肉うどん

[肉うどん] レシピID 286512

材料 [2人分]

- 豚切り落とし肉 … 100g
- うどん … 2玉
- 酒 … 大さじ1
- 砂糖 … 大さじ2
- 薄口しょうゆ① … 大さじ2
- だし汁 … 2カップ
- 薄口しょうゆ② … 大さじ1
- 塩 … 適量
- ねぎ（斜め切り） … 1本
- かまぼこ … 4切れ

作り方

1. フライパンに油適量（分量外）を熱して豚肉を炒め、酒、砂糖、薄口しょうゆ①大さじ2を加えて炒りつける。
2. **鍋にだし汁を煮立て、薄口しょうゆ②大さじ1、塩で調味し、**ねぎを加えてさっと煮る。
3. うどんはゆでで水洗いし、2に加えて温め、丼に盛る。1を汁ごとのせ、かまぼこを添える。

お肉に味がしっかりついているのでだし汁は少し薄めの味つけが◎。

レシピ作者
おじょまん

1人当たり
342kcal

つくれぽ
薄味の汁としっかり味のお肉のバランスがバッチリでした(^.^)

スタッフメモ お肉は一緒に煮ないで、炒りつけてから後のせするのがおいしさの秘訣なんですね。

シンガポールチキンライス

[簡単本格!!シンガポールチキンライス]
レシピID 1461192

つくれぽ
シンガポールで食べたまさにあの味で驚きました！スゴイです！感謝♪

材料［3～4人分］
鶏もも肉 … 2枚
しょうが（チューブ）… 3cm
にんにく（チューブ）… 3cm
塩 … 適量
鶏ガラスープの素 … 小さじ1
米 … 2合

作り方
1. 鶏肉は余分な脂身をキッチンバサミなどで切る。皮にフォークで穴をあけ、塩をすり込む。
2. 炊飯器に洗った米を入れ、少量の水（分量外）、しょうが、にんにく、鶏ガラスープの素を入れ、混ぜる。2合の目盛りまで水を足し（分量外）、鶏肉の皮を下にしておき、普通に炊く。
3. <u>2から鶏肉を取り出し、薄切りにする</u>（すぐ切らずにしばらく保温すると、さらにやわらかくなって形が崩れる）。
4. 器に2のご飯を盛り、その上に鶏肉をのせる。お好みの野菜やゆで卵、チリソース（またはだしじょうゆやしょうがじょうゆ）各適量（各分量外）を添える。

鶏肉が熱ければ、水でぬらしたキッチンペーパーで押さえるとよい。

レシピ作者 生ちゅう

全量で 614kcal

スタッフメモ 炊飯器まかせで本場の味が堪能できるのが魅力！鶏肉はとろけるほどやわらかい。

汁もの

豚汁

[我が家の豚汁 ✽]

レシピID 2121733

具だくさんで人気のある「豚汁」から「サムゲタン」などのアジアン系スープまで、体の芯から温まるレシピを取り揃えました。

材料 [4人分]

豚薄切り肉 … 200gくらい
ごぼう … 1/2本
大根 … 1/4本
にんじん … 1/2本
こんにゃく … 1/2枚
水 … 1ℓ
A 　顆粒和風だし … 小さじ2
　　酒 … 大さじ2
　　しょうゆ … 大さじ1
　　みりん … 大さじ2
　　みそ … 大さじ4

野菜は葉ものだと水っぽくなりやすいので、できるだけ根菜で!

作り方

1. 豚肉は食べやすい大きさに切る。ごぼうは薄切りにし、酢水にさらす。大根、にんじんはいちょう切り、こんにゃくは短冊切りにする。
2. 鍋に水を入れ、肉以外の具を入れて炊く(煮る)。
3. 2に豚肉を加えてアクを取る。Aを加えてひと煮立ちしたら、火を止める。

レシピ作者
narimimama

1人当たり
299kcal

スタッフメモ　コクがあって繰り返し食べたくなること間違いなしなし!

つくれぽ

こくがあって美味しい♪倍量作って実家にもおすそわけしました！

サムゲタン

[風邪ひきかい？【おうちで簡単サムゲタン】]

レシピID 910902

材料 ［中鍋1杯分］

- 鶏手羽元 … 10本
  （または鶏骨つきもも肉 … 2本）
- にんにく（皮をむく）… 2かけ
- 長ねぎ（白い部分）… 少々
- 長ねぎ（青い部分など）… 1本分
- 酒 … 1/2カップ
- 塩 … 適量
- 白こしょう … 少々
- 団子
  - ご飯（炊きたてまたはレンジ加熱したもの）… 茶碗3杯分
  - 片栗粉 … 小さじ1強
  - 塩 … ひとつまみ

作り方

1. 団子を作る。ボウルに温かいご飯を入れ、塩、片栗粉をふる。めん棒でつついてつぶし、手を水でぬらしてひと口大に丸める。
2. フライパンに油を引かずに中火〜強火で熱し、1を転がしながら焼く。
3. 鍋にたっぷりの湯（分量外）、手羽元、長ねぎの青い部分、白い部分、にんにく、酒を入れて強火にかけ、**アクをていねいに取る【コツ1】**。
4. 弱火にして時間をかけてじっくりと煮だす。ここでもこまめにアクや脂を取り除く。**ふたをしてときどき水適量（分量外）を足しながら3〜4時間煮る**。
5. 4から手羽元を取り出して骨と身に分け、身を鍋に戻す。
6. 5に2を入れ、とろんと温まってきたら、塩、こしょうで味をととのえる。
7. 器に6を盛り、あればお好みで小口切りの万能ねぎ適量（分量外）を散らす。

> 白いスープにするためにふたをして煮ること。

コツ 1 浮いてくるアクや脂をていねいに取り除くことが大切。

レシピ作者　pegupepepe

全量で **1775kcal**

スタッフメモ　胃にやさしく、元気になるスープ。骨つき肉からの旨みとコクにびっくり！

> **つくれぽ**
> 鶏のコクが凄いですね！*温まるしおいしいので、また作りまーす♡♡

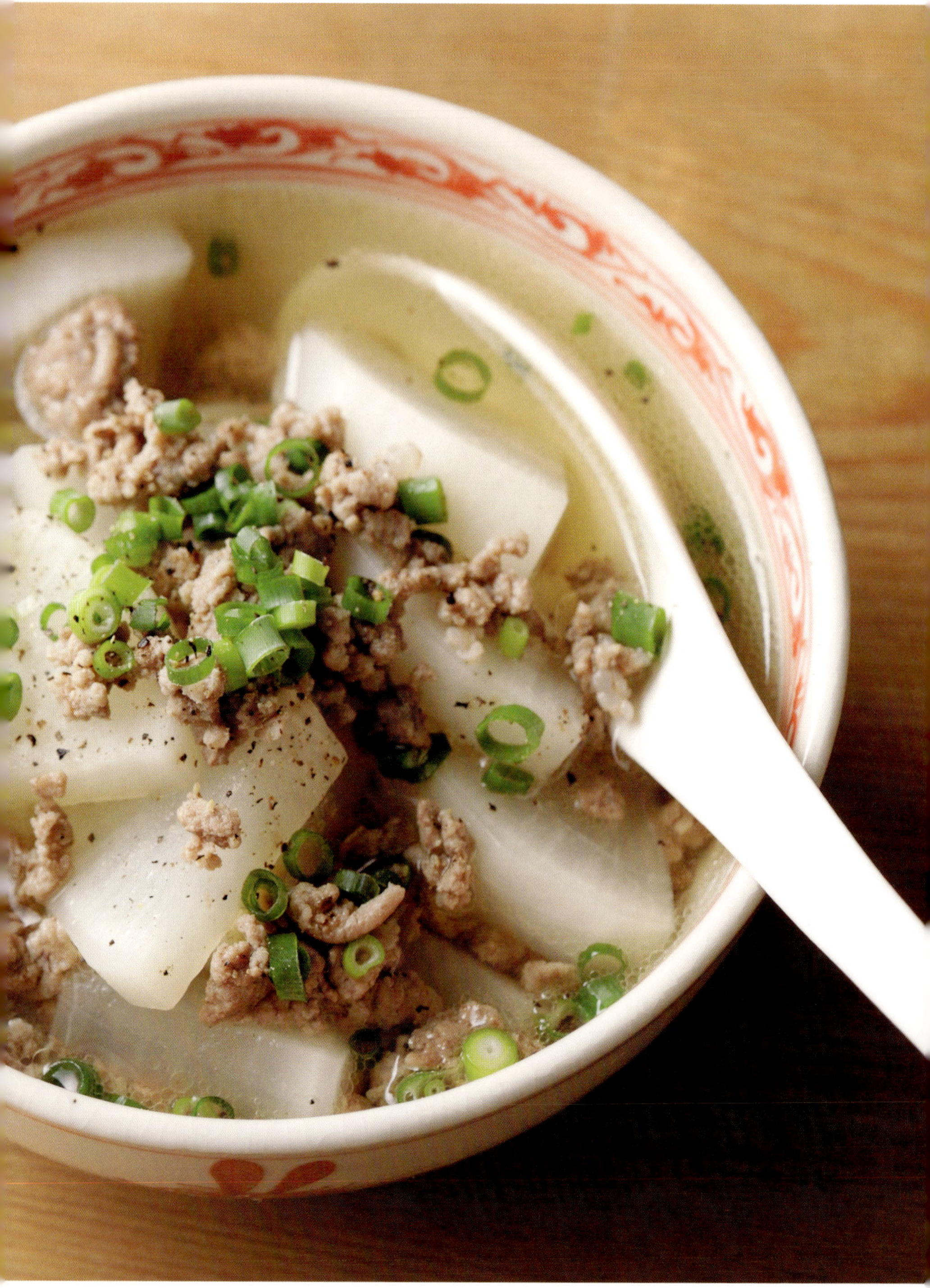

ナンプラースープ

[豚ひき肉と大根のナンプラースープ] レシピID 178130

つくれぽ
お出しいらずの美味しいスープごちです〜♡ 味染み大根旨ぁ♪

材料［4人分］
- 豚ひき肉 … 150g
- 大根 … 1/2本
- しょうが … 1かけ
- 万能ねぎ … 適量
- 酒 … 大さじ1
- しょうゆ … 小さじ1
- <u>ナンプラー … 大さじ1</u>

→ ナンプラーに魚のエキスが入っているのでだしは不要！

作り方

1. 大根は厚さ1cmのいちょう切り、しょうがはせん切り、万能ねぎは小口切りにする。
2. 鍋にごま油適量（分量外）を熱してしょうがを炒め、香りが出たらひき肉を加え、色が変わるまで炒める。さらに大根を加えてざっと炒める。
3. 水3カップ（分量外）と酒を加え、沸騰したらアクを取り、塩小さじ1/4（分量外）、しょうゆ、ナンプラーを加えて15分以上コトコト煮る。
4. 器に3を盛り、万能ねぎを散らし、黒こしょう適量（分量外）をふる。

レシピ作者：せつぶんひじき

1人当たり **112kcal**

スタッフメモ　ナンプラーの良さを最大限に引き出したスープ。だしいらずでこのコクは驚き！

ユッケジャン

[スタミナ"辛"韓国スープ（ユッケジャン）] レシピID 169084

材料 [4～6人分]
牛薄切り肉（または網焼き用肉）… 450g
ほうれん草 … 1把
にんじん … 小1本
にら … 1把
長ねぎ … 1本
もやし … 1袋
ごま油 … 大さじ2～3
水 … 2ℓ
A ｜コチュジャン … 大さじ6～7
　｜しょうゆ … 130㎖
　｜にんにく（すりおろし）… 大さじ2
　｜砂糖 … 大さじ2～3
　｜粉唐辛子 … 大さじ1

作り方
1　Aは混ぜ合わせておく。
2　牛肉は食べやすい大きさに切る。ほうれん草はゆでて3～4cm長さに、にんじんは3～4cmの細切り、にらと長ねぎもほかの長さにそろえて切る。
3　鍋にごま油を入れて熱して牛肉を炒め、肉の色が変わったら、ほうれん草、にんじん、もやしを加えて炒める。1を加えてさらに炒める。
4　**グツグツしてきたら水を入れ、にらも加えてときどき、アクを取りながら中火で煮る【コツ1】。**
5　仕上げに長ねぎを加え、火が通ったら火を止める。

コツ①
よく煮込んだほうが全体に味がなじんで深みが出る。

レシピ作者
☆★☆はなこ☆★☆

1人当たり
314kcal

126

つくれぽ
辛味とコクがお店並み！感激！！もう外食なしで〜笑

スタッフメモ　この辛味は一度食べたら、グッとくるおいしさ！

ウインナーとキャベツのスープ

◆キャベツとウインナーのコトコトスープ★
レシピID 939554

つくれぽ
いつものコンソメスープとは一味違ってて、美味しかったです☆

材料［2人分］
- ウインナー … 3本
- キャベツ … 1/8個
- A
  - 水 … 2カップ
  - 固形コンソメスープの素 … 1個
  - しょうゆ … 大さじ1
  - 酒 … 大さじ1/2
  - **トマトケチャップ … 大さじ1**
  - 塩、黒こしょう … 各少々
- スライスチーズ（お好みで）… 1枚
  （またはかけるチーズ … 多め）

トマトケチャップは大さじ1/2～大さじ1のお好みの量で。

作り方
1. ウインナーは食べやすい大きさに切る。キャベツはざく切りにする。
2. 鍋に1とAを入れて煮る。キャベツがくたくたになったら、火を止める。
3. 器に2を盛り、チーズをのせる。

レシピ作者
milestone★

1人当たり
152kcal

スタッフメモ　くたっとしたキャベツが甘くておいしかったです。

サンラータン
[酸辣湯（サンラータン・スーラータン）]

レシピID 254073

つくれぽ
おいしいしすごく温まります☆お酢好きにはたまらないです♪

材料 [4人分]
- 豚肉 … 150g
- きくらげ … 10個くらい
- たけのこ水煮 … 100g
- 絹ごし豆腐 … 1/2丁
- ザーサイ（お好みで）… 大3枚くらい
- 卵 … 1個

A
- 鶏ガラスープ … 1ℓ
- **酢 … 大さじ4** ←酢は純米酢や黒酢がおすすめ。
- しょうゆ … 大さじ4
- 酒 … 大さじ1
- こしょう … 大さじ1

ラー油（お好みで）… 適量

作り方
1. 豚肉、もどしたしたきくらげ、たけのこ、ザーサイは細切りにする。豆腐は1.5cm角に切る。
2. 鍋にごま油適量（分量外）を熱し、豆腐以外の1を入れて軽く炒める。Aを入れてひと煮立ちさせ、豆腐を加える。
3. 水溶き片栗粉適量（分量外）を回し入れて軽くとろみをつけ、卵を溶きほぐして流し入れ、火を止める。
4. 器に3を盛り、ラー油をたらす。

レシピ作者
nyan222

1人当たり
155kcal

スタッフメモ　お酢がたっぷり入っているので、ちょっと疲れているときにぴったりのスープです。

COOKPAD

プレミアムサービスの紹介

誰でも無料で利用できるクックパッドのサイトですが、月額利用料（280円＋税※）のプレミアムサービスを利用すると、もっと便利になります。

たとえば、食材や料理名で検索すると、人気順に検索結果を見ることができたり、1000人以上から「つくれぽ」をもらった「殿堂入りレシピ」を見ることができたりと、レシピ検索がスムーズになります。その他にも、レシピのカロリー計算ができる機能や、「MYフォルダ」でのレシピの保管・管理が3000件までに拡張できるなど、クックパッドのすべての機能を使うことができるようになります。

利用者の90％以上の人が、「レパートリーが増えた」「おいしく作れるようになった」「献立に悩まなくなった」と実感しているこのサービス、ぜひ一度ご体験を。

※2014年7月現在のプレミアムサービスは月額280円（税抜）。iPhone・iPadアプリからのご登録の場合のみ、月額300円となります。

130万人以上が利用中！
プレミアムサービスでできること

①　おいしくて作りやすい！大人気のレシピがすぐに見つかる！

材料や料理名で検索すると、人気順に検索結果を見ることができます。また、1000人以上が「つくれぽ」した「殿堂入りレシピ」も見られるから、おいしい食卓作りにとても便利です。

1000人以上がつくれぽ！殿堂入りレシピ

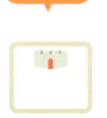

②　毎日の献立が悩まず決まる！

1週間分の献立を管理栄養士がテーマ別に選んで毎日提案。お買い物の悩みも、毎日の献立決めの悩みも一気に解消！

- 食費がグンと減る！ → 節約
- 時間と手間を短縮！ → スピード
- ヘルシーで栄養抜群！ → 太らない

③　専門家が選んだレシピで健康に！

ダイエットや乳幼児の離乳食、からだの悩みを持つご家族にも役立つ目的別レシピを各ジャンルの専門家が厳選して提案

- からだケア
- ベビー＆ママ
- 美容・ダイエット
- キッズ

その他にも、料理がもっと楽しくなる！おいしくなる！便利な機能がいっぱい！

クックパッド　プレミアムサービス　検索

素材別 index

鶏肉

鶏もも肉
- 鶏の唐揚げ …… 14
- チキンステーキ …… 16
- チキン南蛮 …… 22
- 鶏肉のマヨポン炒め …… 36
- 親子丼 …… 106
- チキンドリア …… 110
- シンガポールチキンライス …… 119

鶏骨つきもも肉
- ローストチキン …… 30
- サムゲタン …… 122

鶏むね肉
- 鶏むね肉焼き …… 21
- チキン南蛮 …… 22
- 鶏肉の甘酢煮 …… 24
- タンドリーチキン …… 26
- チキンナゲット …… 33
- 鶏肉のマヨポン炒め …… 36

手羽先・手羽中・手羽元
- 手羽元と大根、卵の煮もの …… 18
- 手羽中のスペアリブ …… 28
- 手羽元の甘辛さっぱり煮 …… 32
- サムゲタン …… 122

ささみ
- バンバンジー …… 20
- ささみの揚げ春巻き …… 34
- 親子丼 …… 106

豚肉

豚バラ（薄切り）肉

- 豚肉と野菜のみそ炒め …… 40
- 酢豚 …… 42
- 豚バラこんにゃく …… 46
- 豚肉の甘酢ねぎごまだれ …… 48
- 豚肉と大根の炒め煮 …… 52  
- 肉豆腐 …… 53
- とんぺい焼き …… 54
- 豚肉と白菜の重ね鍋 …… 56
- 回鍋肉 …… 60
- カリカリ豚のねぎソース …… 64
- 豚キムチ …… 67
- 青椒肉絲 …… 70
- 豚汁 …… 120
- サンラータン …… 129

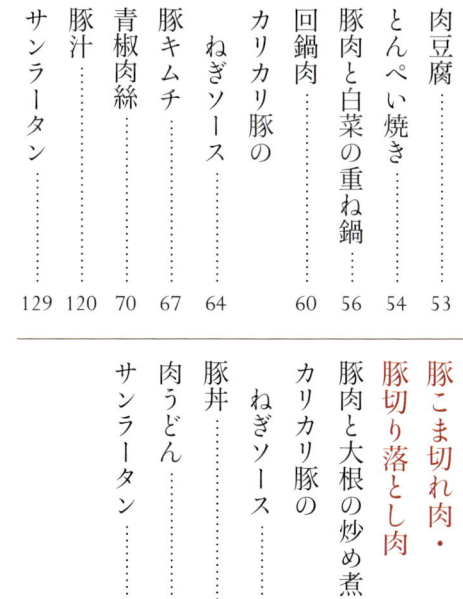

豚こま切れ肉・豚切り落とし肉

- 豚肉と大根の炒め煮 …… 52
- カリカリ豚のねぎソース …… 64
- 豚丼 …… 108
- 肉うどん …… 118
- サンラータン …… 129

豚ロース（薄切り）肉

- しょうが焼き …… 38
- ポークチャップ …… 44
- 野菜の豚肉巻き …… 50
- サンラータン …… 129

豚ヒレ肉

- ポークチャップ …… 44

豚しゃぶしゃぶ用肉
- 豚しゃぶ ……… 49
- サンラータン ……… 108
- 豚丼 ……… 129

豚バラブロック肉
- 豚バラ照り焼き ……… 58
- 焼き豚 ……… 66
- 豚の角煮 ……… 68

豚骨つき肉
- スペアリブ ……… 62

牛肉

牛バラ切り落とし肉
- 青椒肉絲 ……… 70
- 牛肉のしぐれ煮 ……… 73
- チャプチェ ……… 80

牛薄切り肉
- 肉じゃが ……… 72
- 牛肉のしぐれ煮 ……… 73

牛ステーキ肉
- ステーキ ……… 74

牛すじ肉
- 牛すじ大根 ……… 79

牛すね肉
- ビーフシチュー ……… 76

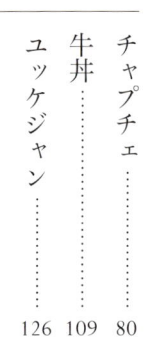

牛かたまり肉
- ローストビーフ ……… 78

- チャプチェ ……… 80
- ユッケジャン ……… 109
- 牛丼 ……… 126

ひき肉

合いびき肉
- 煮込みハンバーグ …… 82
- 豆腐ハンバーグ …… 84
- ひき肉とピーマンの春雨炒め …… 98
- ミートソース …… 112
- キーマカレー …… 114
- タコライス …… 116

豚ひき肉
- メンチカツ …… 88
- 餃子 …… 92
- ひき肉と大根の煮物 …… 94
- シュウマイ …… 96
- ミートソース …… 112
- キーマカレー …… 114
- ナンプラースープ …… 124

鶏ひき肉
- 鶏そぼろあんかけ …… 86
- 鶏つくね …… 90
- キーマカレー …… 114

もつ類
- もつ鍋 …… 100
- レバニラ炒め …… 102

肉加工品

ウインナー
- ウインナーとポテトの炒め …… 104
- ウインナーとキャベツのスープ …… 128

ハム
- ハムカツ …… 99
- 生ハムのアンティパスト …… 105

制作協力
クックパッドをご利用のみなさん

監修
クックパッド株式会社
http://cookpad.com

Staff
編集協力　　内堀俊（コンセント）、石井悦子
デザイン　　村口敬太、芝 智之、寺田朋子（スタジオダンク）
撮　　影　　市瀬真以（スタジオダンク）
ライティング　倉橋利江
料理制作　　しらいしやすこ　小澤綾乃
スタイリング　加藤洋子
カロリー計算　東洋システムサイエンス

本書の内容に関するお問い合わせは、書名、発行年月日、該当ページを明記の上、書面、FAX、お問い合わせフォームにて、当社編集部宛にお送りください。電話によるお問い合わせはお受けしておりません。また、本書の範囲を超えるご質問等にもお答えできませんので、あらかじめご了承ください。
FAX：03 - 3831 - 0902
お問い合わせフォーム：http://www.shin-sei.co.jp/np/contact-form3.html

落丁・乱丁のあった場合は、送料当社負担でお取替えいたします。当社営業部宛にお送りください。本書の複写、複製を希望される場合は、そのつど事前に、(社) 出版社著作権管理機構（電話：03-3513-6969、FAX：03-3513-6979、e-mail：info@jcopy.or.jp）の許諾を得てください。
JCOPY ＜（社）出版者著作権管理機構 委託出版物＞

クックパッドのおいしい　厳選！お肉レシピ

監　修　　クックパッド株式会社
発行者　　富　永　靖　弘
印刷所　　慶昌堂印刷株式会社
発行所　　東京都台東区　株式　新星出版社
　　　　　台東2丁目24　会社
　　　　　〒110-0016 ☎03(3831)0743

Ⓒ cookpad、SHINSEI Publishing Co.,Ltd　　Printed in Japan

ISBN987-4-405-09264-8